KB104390

작지만 강력한 성공 테크닉 78

매너

작지만 강력한 성공 테크닉 **78**

매너

● 매너 연구회 편저 | 최미숙 옮김 ●

내 전화도 아니고

난 지금 바쁘고

전화받는 일은...

으아 으아
아
양양

이가서
Leegaseo publishing

책머리에

취업 전쟁의 경쟁을 뚫고 드디어 사회인의 대열에 들어섰다. 그러나 갓 입사한 신입사원일지라도 어리광은 통하지 않는다.

매일 지각을 하고 어쩌다 정시에 출근을 했는데 집에 물건을 두고 왔다. 인사도 하는 둥 마는 둥 패기가 없고, 전화벨이 울려도 받으려고 하지 않는다. 이런 모습을 본다면 당신의 상사는 화가 머리끝까지 나서 "자네는 해고야!"라는 말을 할지도 모른다.

학생은 며칠을 지각해도 자신의 성적에 반영될 뿐이다. 그러나 사회인은 다르다. 회사라는 조직은 많은 사람들의 연대에 의해 이루어지는 곳이다. 한 사람이 문제가 되는 행동을 일으키면 그것은 즉시 회사의 이미지 실추와 연결된다.

이 책에서는 사회인이라면 반드시 지켜야 할 매너들을 9가지 상황별 주제로 나누어 정리했다. 각 장마다 '건망지수'와 '금기지수'를 표시해 놓았으니 참고하길 바란다.

훌륭한 사회인을 목표로 좋은 매너를 갖기를 바란다.

매너 연구회

차례

회사 이미지를 up시키는 매너

상대방을 배려하는 매너

P.A.R.T 05
사내
생활1

능력을 인정받는 매너

P.A.R.T 06
사내
생활2

동료에게 신뢰를 주는 매너

P.A.R.T 07

옷차림 상대의 기분을 좋게 해 주는 매너

P.A.R.T 08

식사 유쾌한 자리를 만드는 매너

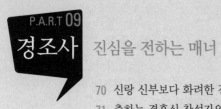

P.A.R.T 09

경조사 진심을 전하는 매너

P.A.R.T 01
방문

상대에게
호감을 주는 매너

명함 한 장이 첫인상을 결정한다

금기지수 ★★★
건망지수 ★★

영업 장소나 거래처에서 처음 만난 사람들은 반드시 명함을 주고받는다. 이런 이유로 명함을 주고받을 때 본인과 회사의 첫인상이 결정되는 경우가 많다.

그럼에도 불구하고 이런 명함을 주고받을 때 매너에 어긋나는 행동을 하는 사람들이 있다.

첫째, 명함을 바지 뒷주머니에서 꺼내는 행동.

이는 절대 피해야 할 행동이다. 이런 행동은 상대에게 불쾌감과 나쁜 인상을 주는 요인이 될 뿐 아니라 회사의 사원교육마저 의심받게 만든다.

둘째, 명함은 명함케이스에 보관한다.

명함 케이스를 사는 것이 귀찮아서, 깜빡 잊어버려서 지갑에 명함을 넣고 다니면 안 된다. 명함 케이스를 마련해 명함을 깨끗이 보관하자.

또한 받은 명함은 명함 케이스에 넣은 후 양복 상의 안주머니나 가슴주머니에 넣는다. 양복 상의 바깥주머니에 넣으면 아무렇게나 푹 찔러넣는다는 인상을 줄 수 있다.

명함 케이스는 자신의 명함과 상대방에게서 받은 명함을 넣는 것을 따로 준비하자. 하나의 명함 케이스만 사용하다 보면 다른 사람에게 받은 명함을 주는 일도 생기기 때문이다.

셋째, 명함을 줄 때에는 반드시 자기의 이름이 상대방 쪽으로 향하게 한다. 처음부터 명함을 명함 케이스에 넣을 때 상하를 거꾸로 넣어 두면 편리하다.

또한 명함은 반드시 양손으로 주고받는다. 혹 이름을 잘 읽을 수 없거나 정확하게 알아듣지 못한 경우에는 그 자리에서 확인한다.

- 명함은 깨끗한 상태로 여유 있게 준비한다.

- 명함을 건넬 때는 뒷주머니에서 꺼내지 않는다.

- 명함 케이스는 두 개를 준비해 자신의 것과
  상대에게 받은 것을 따로 보관한다.

02

처음 만난 사람에게 "도를 아십니까?"

금기지수 ★★★
건망지수 ★★

처음 만난 사람과의 대화는 어색하고 긴장이 되기 마련이다. 그래서 중간에 대화가 끊기는 경우도 있다. 이런 경우 어떻게 대화를 풀어나가면 좋을까? 일단 절대 해서는 안 되는 대화의 주제만이라도 피하면 어색한 분위기는 막을 수 있지 않을까?

첫째, 종교.

처음 만난 사람이나 친하지 않은 사람과 대화할 때 종교 이야기를 꺼내는 것은 매우 위험하다. 대다수의 사람들은 종교에 관심이 없을 뿐만 아니라, 매스컴을 통해 들은 사이비 종교 집단에 대한 편견도 가지고 있기 때문이다. 따라서 처음 만난 사람에게 무턱대고 종교 이야기를 꺼내면 좀 이상한 눈빛을 받게 될지도 모른다.

또한 상대방이 어떤 종교를 믿는지 모르는 상태에서 "○○교는 좀 이상한 것 같습니다"라는 말은 절대 하면 안 된다.

둘째, 정치와 스포츠 이야기.

종교와 마찬가지로 상대방이 어떤 정치 성향을 가졌는지, 좋아하는 운동 경기는 무엇인지, 지지하는 프로 팀이 어디인지 알기전까지는 이런 것들을 주제로 한 대화는 피하도록 하자. 특히 남자들의 경우, 정치와 경제, 프로야구 등을 대화의 주제로 삼는 경우가 많으므로 항상 주의해야 한다.

Check Point 종교와 스포츠 이야기는 금물!

처음 만난 사람에게 종교, 정치, 경제, 특정 스포츠 이야기는 하지 않는 것이 좋다.

약속을 잘하는 사람이 일도 잘한다

금기지수 ★★★

건망지수 ★★

상담, 협상, 취재 등을 목적으로 하는 방문 시 지켜야 할 매너 중 하나가 사전 약속이다.

A씨의 경우 깔끔한 양복차림에 머리도 잘 손질하고, 미리 명함까지 챙기는 등 만반의 준비를 끝내고 거래처로 갔다. 하지만 "사전에 약속이 되어 있지 않아 만날 수 없습니다"라는 거래처 사원의 말을 듣고 터벅터벅 돌아갈 수밖에 없었다. 방문에 앞서 가장 중요한 사전 약속을 해놓지 않은 것이다.

A씨처럼 거래처와 상담처에 갑자기 방문하는 것은 실례이다. 사전에 약속을 해두면 상대방이 자신의 스케줄에 맞춰 시간을 조정할 수도 있고, 방문과 관련한 자료를 미리 준비해 둘 수도 있기 때문이다.

이런 매너는 업무상의 용건이 아니더라도 마찬가지이다. 쉬는

날, 청소도 하지 않고 파자마 바람으로 텔레비전을 보고 있는데, 갑자기 아는 사람이 찾아오면 누구라도 "잠깐만 기다려! 옷 좀 갈아입고! 좀 치우고!" 하면서 허둥거리게 된다.

'아마 만날 수 있겠지', '전에도 이때쯤이었으니까' 하고 혼자서 마음대로 생각하지 말고 반드시 미리 약속을 잡자.

Check Point 사전 약속 없이 방문하는 건 실례!

방문하기 1, 2주 전에 미리 약속을 잡는다.
약속을 잡을 때 일정은 상대의 스케줄에 맞춘다.
'제가 찾아뵙겠습니다' 라는 자세가 필요하다.

작은 선물이 마음의 문을 연다

금기지수 ★★

건망지수 ★★

상사나 신세를 진 선생님을 방문할 경우 잊지 말고 챙겨야 할 것 중 하나가 '작은 선물'이다.

작은 선물은 '초대해 주셔서 감사합니다' 하는 감사의 뜻이다. 감사의 말과 함께 건넬 때 그 마음이 더 잘 전달된다.

작은 선물로는 무엇이 좋을까?

쿠키나 케이크 정도가 가장 무난하지만, 방문하는 집의 가족 구성원과 취향을 고려해 준비하는 것이 좋다.

선물은 방문하는 곳 근처에서 사지 않는 것이 좋다. 근처 어디 가게, 혹은 어디 백화점에서 샀는지 빤히 알아채기 때문이다. 이런 경우 선물을 받는 사람은 귀찮으니까 근처 아무 데서나 샀다고 생각하기 마련이다. 즉, 선물의 감동이 옅어진다.

미리 상대방이 관심을 가질 만한 것과 기뻐할 만한 것이 무엇인지 생각해 준비한다면 작은 선물이 새로운 대화거리가 될 수도 있다. 또한 '감사합니다', '당신을 기쁘게 하고 싶습니다' 라는 의도가 좀 더 잘 전달될 수 있으니 유의하자.

Check Point 방문하는 곳 근처에서의 선물 구입은 금물!

작은 선물은 초대에 대한 감사의 표시이다.

작은 선물은 방문하는 집의 가족 구성원과 취향을 고려해 미리 준비하도록 한다.

입구에서 먼 자리가 상석이다

금기지수 ★★★
건망지수 ★★★

손님을 안내하게 된 A씨. 손님을 자리로 안내하고 자신은 평소 좋아하던 자리에 앉으려고 했다. 그때 상사가 A씨가 앉으려는 자리에 못 앉게 했다. 영문을 몰라 어리둥절한 A씨는 다른 자리에서 손님을 접대했다. 손님이 돌아간 후에 "뭐야! 자네가 왜 그 자리에 앉는 거야?"라는 꾸지람마저 들었다.

자리에도 윗사람이 앉는 상석과 아랫사람이 앉는 말석이 있다. 이를 모른 A씨가 손님보다 상석에 앉으려고 했던 것이다.

이런 경우를 대비해 상석과 말석 등 자리 서열을 습득해 A씨와 같은 실수는 저지르지 않도록 하자.

응접실에서의 자리 서열은 입구에서부터 먼 자리가 상석이다. 바깥 경치나 그림, 꽃이 잘 보이는 장소를 상석이라고 생각해도 좋다.

자동차나 택시의 경우도 자리 서열이 있다. 택시에서는 뒷자리 제일 안쪽이 상석이고, 조수석이 말석이다. 사장이 운전하고 부장과 신입사원이 같이 타는 경우 조수석에는 부장이 타고, 뒷자리에 신입사원이 타야 한다. 혹 상사가 먼저 조수석에 앉은 경우 다시 자리 배치를 하는 것은 오히려 실례이다. 상사가 알고 있으면서도 조수석에 앉은 것인지도 모르니, 그때그때 상황에 맞게 대처하자.

또한 상사나 선배보다 차 문 가까이에 있다는 이유로 자신이 먼저 차에 오르면 안 된다. 상사나 선배가 먼저 차에 오르도록 하는 것이 매너이다. 내릴 때에는 자신이 먼저 내려 문이 닫히지 않도록 잡아주는 배려가 필요하다.

- 문에서 먼 자리가 상석이고, 가까운 자리가 말석이다.
- 차를 탈 때는 뒷자리 제일 안쪽이 상석이고, 조수석이 말석이다.

06

매너의 고수는 방석 사용 하나도 다르다

금기지수 ★★

건망지수 ★★★

좌식으로 된 술집이나 식당에 갔을 때, 화장실에 가는 사람을 유심히 관찰해 보자.

방석을 밟으면서 걸어가고 있지는 않는가? 아니면 본인 또한 방석을 밟고 지나가고 있지는 않는가? 사실 이런 것을 전혀 신경 쓰지 않는 사람이 많을 것이다.

하지만 윗사람과 함께 있는 경우 방석을 밟고 지나가는 행동을 해서는 안 된다. 의자나 소파 위에 올라가는 행동이 예의에 어긋나듯이 방석 위에 올라서는 것도 실례가 되는 행동이다. 아무리 엉덩이로 깔고 앉는 방석이라도 그 집이나 가게의 중요한 가구이므로 조심스럽게 취급해야 한다.

또한 권해 준 자리의 방석을 교환한다든가, 완전히 뒤집어서 사용한다든가 하는 행동은 상대방의 호의를 거절하는 것이 되어 실례가 된다.

방석이 아닌 경우, 예를 들어 문지방도 밟아서는 안 된다. 문지방은 흠집이 나기 쉽기 때문이다.

Check Point　방석을 밟는 행동은 금물!

방석이나 문지방을 밟고 지나가는 것은 매너가 아니다.
상대방이 권해 준 방석을 교환해서는 안 된다.

차 대접을 받는 것은 당연하다?

금기지수 ★★★

건망지수 ★

다른 회사에 방문해 차 대접을 받을 때도 지켜야 할 매너가 있다. 그러나 차 대접 받는 것을 당연하게 여겨 감사의 인사 한마디 건네지 않는다면 사회인으로서 실격이다.

차 대접을 받았다면 감사의 표시를 하는 것이 매너이다.

감사의 인사를 건넬 때도 "뭘 이렇게…"라든가 "아! 미안하네요"라고 얼버무리는 인사가 아니라 "감사히 잘 마시겠습니다!"라고 정중히 표현해야 한다.

대접 받은 차는 다 마시는 것이 좋다. 혹 '전부 마셔버리면 너무 게걸스럽게 보일까' 하는 생각은 하지 말자. 오히려 다 마시는 것이 상대방의 호의를 받아들인다는 표시가 된다. 혹 선호하지 않는 차를 대접 받더라도 조금은 마시는 것이 매너이다. 전혀 손도 대지 않는 것은 상대방의 호의를 무시하는 행동이다.

"커피로 하시겠어요? 아니면 다른 차로 하시겠어요?"라고 물어 보는 경우 사양하지 말고 마시고 싶은 종류를 이야기하자. 단, 이 때에도 '커피도 괜찮습니다', '커피와 녹차밖에 없다면 할 수 없 으니 커피로 하지요' 라는 느낌을 주지 않도록 조심한다.

"감사합니다. 커피로 한잔 부탁드려도 되겠습니까?" 정도로 말 할 수 있어야 한다.

Check Point　차 대접을 받을 때 기본 매너!

대접 받은 차는 다 마시는 것이 좋다.

약속 장소에는 5분 전에 도착한다

금기지수 ★★★

건망지수 ★★

사회인이 지켜야 할 덕목 중 가장 주의해야 할 점이 지각이다. 중요한 회의에 늦는다든가, 거래처와의 약속에 늦는 것은 자신의 이미지뿐 아니라 회사의 이미지도 나쁘게 만들기 때문이다.

타 회사를 방문할 때에는 '5분 전'에는 도착해 있는 것이 매너이다. 이때 너무 일찍 방문하는 것은 오히려 실례가 되니 주의하자. 또한 미리 방문처의 교통편을 알아두고 문제가 생길 경우를 대비해 다른 차편도 알아두면 좋다.

그럼에도 불구하고 어쩔 수 없이 늦게 될 경우 먼저 어느 정도 늦을 것인지를 연락해야 한다. 약속한 시간에 나타나지 않고 연락도 없는 것은 상대에게 신용을 잃는 요인이 된다. 또 '혹시 사고가 난 것은 아닐까' 하는 걱정을 끼칠 수도 있다.

출근 시간도 마찬가지이다. 아침에 일어나는 것이 힘든 사람도 있겠지만 회사에서 그런 어리광은 통하지 않는다. 회사는 당연히 지각을 하지 않는다는 전제로 사원을 채용하기 때문에 지각을 했을 때 그에 대한 평가는 엄격할 수밖에 없다. 지각을 반복하면 상사의 눈 밖에 나게 될 것이다.

- 약속 장소에는 5분 전에 도착해 있는 것이 매너이다.

- 약속 장소에 너무 일찍 도착해 있는 것은 실례이다.

- 회사는 학교가 아니다. 지각은 절대 금물.

접대

방문자의
마음을 열어주는 매너

상사와 손님, 어느 쪽을 먼저 소개할까?

금기지수 ★★★

건망지수 ★★★

본인이 담당하고 있는 거래처의 사람이 회사로 찾아왔다. 상사와
그 손님이 서로 모르는 사이라면 당신은 누구부터 소개할 것인가?

① 자신의 상사에게 손님을 소개한다.
② 손님에게 자신의 상사를 소개한다.

정답은 '손님에게 자신의 상사를 소개한다' 이다.

상사는 본인에게는 윗사람이다. 하지만 본인, 자신의 상사, 손
님이 있을 경우, 가장 경의를 표해야 할 대상은 상사가 아니라 손
님이다.

일대일의 경우에는 명확한 상하관계가 다른 사람과 얽히게 되
면 훨씬 더 어려워진다. '상사는 어떤 상황에서나 윗사람'이라는

고정 관념을 갖지 말고, 그때그때 상황에 맞게 행동하자.

Check Point   **가장 경의를 표해야 할 대상은 손님!**

손님과 상사가 함께한 자리에선
먼저 손님에게 상사를 소개하는 것이 매너이다.

경어, 누구에게 어떻게 쓰냐가 중요하다

금기지수 ★★
건망지수 ★★

회사에 손님이 방문했을 경우 누구를 찾아왔는지 물어볼 때 당신
은 어떻게 질문할 것인가?

　① "어느 분을 불러 드릴까요?"
　② "누구를 불러 드릴까요?"

　정답은 "누구를 불러 드릴까요?"이다.
　'어느 분'이라는 말이 '누구'라고 하는 것보다 더 공손하게 들
리지만 이 경우에는 '어느 분'이라고 하면 안 된다.
　'어느 분'은 '누구'라는 말의 경어 표현으로 앞에서 말한 바와
같이 손님을 가장 윗사람으로 생각했을 때 '어느 분'이라는 표현
은 손님보다 손님의 면회 상대를 더 높이는 것이다. 즉, '누구'라

는 것은 '본인 회사의 누구'를 말하는 것임으로 "누구를 불러 들릴까요?"라고 묻는 것이 옳은 표현이다. 회사에 찾아온 손님을 보다 높은 사람으로서 대우해 주어야 한다.

이와 같이 경어는 상황에 따라 누구에게 어떻게 사용하느냐가 매우 중요하다.

Check Point   **상황에 따른 경어 표현법!**

손님에게 "어느 분을 불러 드릴까요?"는 틀린 표현이다.
"누구를 불러 드릴까요?"가 바른 표현이다.
'어느 분'은 손님보다 손님의 면회 상대를 더 높이는 것이다.

손님의 발자국 소리까지 확인한다

금기지수 ★★★

건망지수 ★★★

나이든 손님을 응접실까지 안내하게 된 A씨.

"안내해 드리겠습니다. 이쪽으로"라고 말한 후 앞장서서 걸었다. 하지만 응접실 앞에 서서 뒤를 돌아보니 손님은 미처 따라오지 못하고 있었다. A씨는 자신의 걸음 속도대로 걷느라 상대방을 잘 살피지 않은 것이다. 이런 식으로 안내하는 것은 사회인으로서 실격이다.

회사를 방문한 손님은 회사 내부 구조를 모르기 때문에 안내가 필요하다. 그런데 손님을 배려하지 않고 혼자서 휙 걸어가버리면 차라리 안내를 안 하는 것만 못하다. 상대방의 발자국 소리를 확인하며 천천히 걸어가도록 하자.

손님을 안내할 때는 손님의 왼쪽에서 서서 사선 방향 앞쪽으로 걷는 것이 기본이다. 이는 뒤에 따라오는 손님에게 엉덩이를 보이지 않게 하기 위해서이다. 또한 왼쪽에 서는 것은 대부분의 사람들이 오른쪽을 향하는 경향이 있으므로 손님이 오른쪽으로 움직였을 경우 부딪치지 않기 위함이다.

만약 사선으로 걷고 있으면 시선의 한쪽 끝에 손님이 보이므로 잘 살피면서 걸어야 한다.

계단을 올라갈 때는 상대방이 먼저 오르도록 한다. 이는 손님을 내려다보지 않기 위함이고, 혹 손님이 계단에서 발을 잘못 디뎠을 때 조금이라도 도움을 주기 위함이다.

- 엘리베이터에서는 안내자가 먼저 탄 후 손님을 타게 한다.
  이때 안내자는 손님을 위해 열림 버튼을 눌러준다.

- 방으로 들어갈 때 순서는 문의 방향에 따라 다르다.
  문을 밀어서 여는 경우,
  안내하는 사람이 먼저 들어간다.
  문을 앞으로 당겨서 여는 경우,
  안내자가 문을 열고 손님이 먼저 들어가도록 한다.

큰 소리로 인사하는 것은 매너에 어긋난다?

금기지수 ★★

건망지수 ★★

인사는 그 사람의 첫인상에 큰 영향을 준다. 긍정적이고 밝은 인상을 줄 수 있도록 평소보다 높은 음으로 크고 분명하게 인사하는 것이 기본이다.

하지만 인사를 할 때나 고객이 방문했을 때, 이런 기본이 매너에 어긋나는 경우가 있다.

바로 손님에게 차를 접대할 때나 대화 중, 회의 중일 때이다. 다소 의외라고 생각하는 사람도 있을 것이다. 하지만 손님이 무엇을 하러 왔는지 생각해 보면 금방 그 이유를 알 수 있을 것이다.

그렇다! 손님은 일 때문에 왔다. 대화 중이거나 회의 중인 자리에서 커다란 목소리와 과장된 몸짓으로 인사를 한다면 손님은 물론, 같이 얘기를 하고 있던 직원도 놀라고, 일을 하는 데 방해가 된다.

이런 경우에는 일단 문 앞에까지 가서 안의 상황을 살피는 것이 좋다. 이때 너무 과열된 분위기이면 음료를 갖다 주지 않고 잠깐 기다리도록 하자. 차를 갖다 준 후에도 바로 자리를 비켜주는 것이 좋다.

Check Point 큰 소리로 인사하는 게 매너에 어긋나는 경우!

손님이 대화 중이거나 회의 중일 때 큰 소리로 인사하는 것은 피해야 한다.

영업과 상담에도 상식이 있다

금기지수 ★★
건망지수 ★★

"예, ○○회사입니다."

"아, 여보세요. 바쁘신데 죄송합니다. ㅁㅁ사라고 하는 전기제품 대여 회사입니다. 오늘 전화 드린 것은 지금 회사에서 복사와 팩스용품을 사용하고 계시겠지만, 그 제품들을 구입하려면 굉장히 비용이 많이 드는 걸로 알고 있습니다. 그래서 저희 회사에서는…."

혹 틈을 노려 "아, 죄송합니다. 저희 회사에서는 그런 물건들이 전혀 필요하지 않기 때문에…"라고 말을 해도 "그러세요? 그런데 말입니다, 역시 구입하시는 것보다는 대여하시는 것이…" 하면서 일방적으로 이야기는 계속된다.

한 번쯤 이런 일방적인 세일즈 전화를 받은 적이 있을 것이다. 이야기를 좀 들어보려고 해도, 거절하려고 해도 상대방의 계속되는 말 때문에 곤란했던 경험이다.

이런 경우 할 일은 산더미처럼 쌓여 있는데, 일을 할 수가 없어 안절부절못하게 된다.

영업이나 상담을 할 때도 방식이 있다. 상대방의 관심을 이끌어내기 위해서는 앞의 경우처럼 일방적으로 말하는 것은 좋지 않다. 물론 긴장하고 있다든가, 할 말이 많으면 자신도 모르게 일방적으로 말하기 쉽다. 하지만 상대방의 의견이 있어야 비로소 일이 이루어지는 것이 영업과 상담이다. 때문에 상대방의 의견을 들어가며 이야기를 진행하는 여유와 배려가 필요하다.

또한 이야기를 듣는 입장에서도 주의할 점이 있다.

"네, 네, 네", "그럼요, 그럼요"

무성의하게 느껴지는 맞장구는 상대에게 실례가 된다. "예, 그럼요"는 한 번으로 족하고 "아– " 정도가 좋다.

Check Point   일방적인 영업과 상담은 금물!

세일즈나 업무상 전화 통화를 할 때 일방적으로 자신의 용건만 늘어놓으면 안 된다. 영업과 상담의 기본은 상대와의 의사소통이다.

지나친 겸손은 비호감으로 가는 지름길

금기지수 ★★

건망지수 ★

"이런 누추한 곳에 모셔서 죄송합니다만…."라고 말하는 경우가 있다.

개인적인 관계에서도 "아냐, 너에 비하면 난 정말 아무것도 아니지" 하는 말을 자주 하는 친구가 있다면 악의 없이 '그렇게 생각하면 노력을 좀 해보든지' 라고 말하고 싶은 생각이 들 때도 있을 것이다.

상대방의 기분을 살려 주기 위해서는 자신을 낮추는 것이 효과적이다. 하지만 위의 내용처럼 지나치게 자신을 낮추는 것은 좋지 않다.

본인이 접대 장소를 결정한 경우 "여기는 ○○가 아주 맛있는 곳입니다. 마음에 드셨으면 좋겠는데요" 하고 자신감 있게 말하는 것이 상대방에게 더 호감을 준다.

'아! 나를 위해서 맛있는 장소를 찾으려고 많이 신경 썼구나!'

이런 좋은 인상을 주게 된다.

이 경우 '마음에 꼭 들 것이라 생각합니다' 하고 강요하는 느낌을 주지 않도록 유의해야 한다.

거래처에 선물을 건넬 때도 마찬가지이다. 흔히 "보잘것없는 것이지만"이라는 말을 자주 사용한다. 하지만 최근에는 '보잘것없다고 생각하거든 가져오지나 말든지' 라고 생각하는 풍조가 만연해 있어 이런 말은 별로 환영받지 못한다.

"괜찮으시다면 받아주십시오."

이런 정도의 말이 서로 간의 호감을 높여 줄 수 있다. 말 한마디로 당신의 인상이 결정될 수 있으니 주의하도록 하자.

- 상대의 기분을 살려주는 데는 자신을 낮추는 것이
  가장 좋은 방법이다.
  지나친 겸손은 오히려 상대에게 거부감을 줄 수 있으니 조심하자.

15

상담 중 휴대 전화, 이것만은 지키자

금기지수 ★★★

건망지수 ★★★

중요한 회의나 상담 중에 전화벨 소리가 울리는 경우가 종종 있다. 당황한 당사자가 양해를 구하고 상담을 재개하지만, 이런 일은 결코 있어서는 안 된다. 이런 경우 쌍방의 긴장감을 흩뜨려 놓을 뿐만 아니라 대화의 맥을 끊어 놓기 때문이다.

또한 상담 중 전화를 받는 행동은 다른 일이 더 중요하다는 느낌을 주기 때문에 큰 실례가 된다.

개중에는 '상담 중에 전화벨이 울리지만 않으면 괜찮다'는 생각으로 휴대 전화를 진동 모드로 해놓는 경우도 많다. 하지만 진동 소리도 크게 들리므로 급한 경우가 아니라면 전원을 꺼두는 것이 매너이다.

● 상담과 회의 중에는 전화 벨소리는 물론
  진동 소리도 방해가 된다.
  급한 경우가 아니면 휴대 전화의 전원은 꺼두는 것이 좋다.

16

공과 사의 구분이 확실해야 진정한 프로

금기지수 ★★

건망지수 ★★★

오랫동안 거래해 온 거래처 사람이나 영업사원과는 친구처럼 가까워지기 마련이다. 서로 마음을 터놓고 친하게 지내다 보면 그 계통의 유용한 정보를 남들보다 한발 빠르게 알게 되는 등 서로 도움이 되는 관계로 발전하기도 한다.

하지만 친분이 쌓이면서 격이 없게 되면 업무상 만났음에도 불구하고 금방 개인적인 이야기로 대화 주제가 바뀌기도 한다. 이런 경우 도가 지나치면 본인의 생각과는 달리 상대방은 '저 사람은 일하러 온 거야? 아니면 잡담이나 하려고 온 거야?' 하고 생각할 수도 있다. 심지어 특별한 약속이 없다는 이유로 거래처에서 시간을 보내는 사람도 있다. 이런 행동은 절대 해서는 안 된다.

사실 상대방은 손님을 기다리고 있거나 외출을 해야 할 계획이 있을지도 모른다. 상황 파악을 못하고 계속 이야기를 하고 있다가 손님이 온 후 "죄송합니다. 미리 약속이 되어 있어서…"라는 말을 듣게 되면 모양새도 좋지 않을 뿐만 아니라 상대에게 피해를 준 셈이 된다. 용무가 끝나면 산뜻하게 퇴장하는 센스를 발휘해야 한다. 용무가 끝난 후 잠시 세상 돌아가는 이야기를 하는 정도의 선을 지키도록 하자.

Check Point 　공과 사를 망각하는 행동은 금물!

업무상 만난 사람과는 공과 사를 확실히 구분하자.

P.A.R.T 03
사내전화

회사 이미지를
up시키는 매너

뭐라구요?
더 크게
얘기해봐요!
잘 안들려요

AC~

17

전화를 받는 것은 누구의 일?

금기지수 ★★★

건망지수 ★★

직장 생활에 있어 중요한 업무 중 하나가 전화 받는 일이다. 하지만 전화벨이 울리는 데도 아무도 받지 않는 경우가 있다. 이런 경우 그 회사 직원들은 일은 안 하고 놀고 있다는 말을 들어도 할 말이 없을 것이다.

회사로 걸려오는 전화는 거래처로부터의 연락, 고객의 문의전화 등 업무상 중요하다.

그러나 자신의 일에만 집중하거나 귀찮은 마음에 전화 받기를 미루면 결국 회사에 큰 손실을 끼치게 된다. 또한 업무상 급한 용무를 처리하지 못하는 상황이 발생할 수도 있고, 전화를 건 상대방에게 회사에 대한 신뢰를 잃을 수도 있기 때문이다.

일부 남자들은 아직도 전화 받는 일은 여자의 일이라고 생각한다. 물론 목소리가 부드러운 여자 직원이 상담에 더 유리하게 작용하기 때문에 콜 센터 같은 곳은 여자 직원이 대부분이다.

　그러나 그런 이유로 전화를 받는 일은 당연히 여자 사원의 업무라고 생각하는 것은 잘못된 것이다.

　회사로 걸려오는 전화를 받는 것은 전 사원이 해야 할 일이다. 상황에 따라 받을 수 있는 사람이 받는 것이 기본이다. 전화는 받는 사람의 성별보다 빨리 받은 후 상대방에게 정중한 태도로 임하는 것이 중요하다.

● 전화는 빨리 받은 후 상대방에게
  정중한 태도로 임하는 것이 중요하다.

상사에게도 존칭을 쓰지 않는다?

금기지수 ★★★

건망지수 ★★★

전화를 받을 때에는 자신의 상사에 대해서도 존칭을 쓰지 않는다. 하지만 예외의 경우도 있다.

일례로 A부장이 외출 중일 때, 그의 부인에게서 전화가 왔다. 이때 "죄송합니다. A는 지금 자리를 비우고 없습니다"라고 대답하는 건 매너에 어긋난다.

이런 경우 '부장과 부하의 관계', '부장과 부장 부인과의 관계' 이 두 관계의 친밀감을 생각해 보면 쉽게 이해할 수 있다. 당연히 '부장과 부장 부인과의 관계'가 더 친밀하다.

위의 경우와 같이 "A는 지금 자리를 비우고 없습니다"라고 대답하는 것은 "○○는 외출하고 없는데"라는 식으로 들릴 수 있다. 그러면 가족은 '소중한 가족을 함부로 취급한다'는 느낌을 받는 경우도 생긴다. 따라서 부하 직원이나 동료의 집에 전화를 할 때에도 'ㅇㅇ씨'라고 깍듯이 대하는 게 매너이다.

사원의 가족과 전화를 할 때는 사원을 포함한 가족 전체에게 경어를 사용한다고 생각하면 된다.

Check Point 전화 받을 때 존칭법!

사장, 부장, 과장과 같은 직위에는 존대의 의미가 포함되어 있다.
따라서 직위에 '님'을 붙이는 것은 이중 경어로 잘못된 표현이다.
'ㅇㅇ사장님'이 아니라 'ㅇㅇ사장'이라고 해야 한다.

전화, 어떤 경우에도 친절하게 받는다

금기지수 ★★

건망지수 ★★★

전화를 받았을 때 잡음이 너무 심하거나 통화 음량을 높여도 상대방의 목소리가 잘 안 들리는 경우가 있다. 그럴 때 무의식적으로 "조금 더 큰 목소리로 말씀해 주시겠습니까?"라고 말하지는 않는가?

통화 상태가 안 좋은 것은 받는 전화기의 상태 혹은 거는 전화기의 상태, 전화를 걸고 있는 장소의 잡음, 통화 음량 등 여러 이유가 있다. 그럼에도 불구하고 다른 곳에서 걸려오는 전화는 별문제가 없으니까 무조건 상대방의 잘못이라 생각하고 이런 반응을 보이는 것은 아닌지?

회사로 걸려오는 전화는 어떠한 경우에도 친절하게 받는 것이 기본이다.

하지만 "좀 더 큰 소리로 말씀해 주시겠습니까?"라고 말하는 것은 말투는 공손해도 일종의 명령이나 다름없다. 게다가 통화 상태가 좋지 않은 것을 상대방의 실수라고 단정 짓는 것이기 때문에 큰 실례를 범하는 것이다.

이런 경우 먼저 "정말 죄송합니다", "이렇게 말씀드려 죄송하지만…" 등 사과의 말을 한 후 "전화가 잘 안 들리는 것 같습니다만…" 하고 말하는 것이 바람직하다. 사소한 말 한마디지만 상대방의 잘못으로 단정 짓는 게 아니라 '전화기' 탓으로 돌리는 것이기 때문에 실례가 되지 않는다.

또한 상대방이 다시 묻지 않는 한 너무 큰 소리로 말하지 않도록 주의한다. 상대방은 잘 들리는 데도 큰 목소리로 통화를 하면 상대방이 노인 취급을 당하는 느낌을 받을 수 있기 때문이다. 전화 통화 시에는 목소리에 더욱 신경을 쓰도록 하자.

- 전화기 상태가 안 좋더라도 공손하게 받는 것이 중요하다.

- 먼저 "정말 죄송합니다", "이렇게 말씀 드려 죄송하지만…"등의
  사과의 말을 한다.

'탁' 소리가 상대방의 화를 부른다

금기지수 ★★

건망지수 ★★★

어떤 회사든 전화를 받을 때는 공손하게 받으라고 가르친다. 전화를 받는 사람이 곧 그 회사의 얼굴이며 회사의 이미지가 되기 때문이다. 따라서 회사의 입장에선 사원들의 전화 매너가 특히 신경 쓰이는 부분이다.

그럼에도 불구하고 전화를 받을 때 흔히 저지르는 실수가 있다. 바로 친절하게 통화한 후 수화기를 놓는 방법이다. 상대와의 통화는 이미 끝났으니까, 또 상대방에게 보이지도 않으니까 괜찮을 거라 생각하지만 이는 잘못된 생각이다.

전화가 잘못 걸려왔을 경우 "잘못 걸었습니다" 하고는 일방적으로 끊으면 왠지 화가 치밀어오른다. "잘못 걸었습니다"라는 말이라도 하니 그나마 낫다고 위안을 받다가도 수화기를 놓을 때 나는 '탁' 소리에 금방 기분이 상하게 된다.

회사에서 전화를 받을 때는 아무리 바쁘더라도 '전화 받기는 수화기를 내려놓을 때까지'라는 생각을 가지고 있어야 한다. 상대방이 '어휴, 겨우 통화가 끝났군' 하는 느낌을 받을 정도로 마무리 인사도 대충대충 하고 끊지 않도록 주의해야 한다. 가능한 상대방이 수화기를 내려놓는 소리를 듣고 나서 전화를 끊는 것이 매너이다.

하지만 상대방도 똑같은 생각을 하고 있는 경우에는 통화가 끝나고 몇 초 후에 조용히 수화기를 내려놓는다.

Check Point　　'탁' 소리 나게 전화를 끊는 건 금물!

전화 받기는 수화기를 내려놓을 때까지다.
전화를 바꿔줄 때는 대기 버튼을 누르고, 그렇지 않으면 손으로 수화기를 가린다.

메모 하나도 확실하게 한다

금기지수 ★★★

건망지수 ★★★

전화 받기와 더불어 중요한 것이 메모이다. 메시지를 남겨달라는 부탁이 있을 때에는 확실히 메모를 해 두어야 한다.

메모를 할 때는 '언제, 어디서, 누가, 무엇을, 왜, 어떻게'를 분명히 기재한다. 잘 알아듣지 못했다면 다시 물어보도록 한다. 전할 내용을 다 받아 적은 후에는 한 번 더 상대방에게 확인한다. 귀찮다고 생각하지 말고 마음을 다해서 대응하자.

외출 중인 동료를 찾는 전화가 왔을 때, 상대방이 급하게 연락해야 한다고 해도 휴대 전화 번호를 가르쳐 주는 것은 매너가 아니다. 본인의 허락 없이 개인 휴대 전화 번호를 가르쳐 주는 것은 프라이버시의 문제이기 때문이다.

이런 경우 "A에게 연락해 지금 바로 전화 드리도록 하겠습니다" 정도로 대처하는 것이 좋다.

- 메모를 할 때는 '언제, 어디서, 누가, 무엇을, 왜, 어떻게'를 분명히 한다.

- 메모를 다 한 뒤에는 반드시 다시 한 번 상대에게 확인한다.

사적 통화로 해고당할 수 있다

금기지수 ★★★

건망지수 ★★

친구들과의 모임을 주선하게 되었다. 당신은 주저 없이 회사 전화로 모임 장소를 예약하는가? 이런 사람은 회사원으로서 실격이다.

식당을 예약하는 일은 몇 분 걸리지 않지만, 그 몇 분 동안에도 전화 요금은 부과되고, 그 요금은 회사가 지불한다. 또한 개인적인 용무로 전화를 하고 있는 동안 당연히 회사 일에 지장을 준다.

최근에는 휴대 전화를 이용해 주식거래를 하는 사람이 증가하고 있다. 이들은 항상 휴대 전화를 열어 두고 주가를 체크 한다. 이런 행동은 해고를 당해도 할 말이 없는 것이다.

사적으로 전화를 해야 할 때는 반드시 본인의 휴대 전화나 공중 전화를 사용하고 쉬는 시간을 이용하도록 하자.

또한 전화와 마찬가지로 회사의 메일을 개인적인 일에 사용하는 것도 바람직하지 않다. 메일을 보내고 읽는 시간도 근무 시간이며 급료가 지불되는 시간이기 때문이다. 회사마다 개인 전화와 컴퓨터를 제공하고 있지만 어디까지나 '업무용'일 뿐이다. 개인적인 일로 사용해서는 곤란하다.

Check Point   회사 전화는 업무용!

회사 전화나 메일로 개인적인 연락을 하는 것은 매너가 아니다.
'직장에 있는 시간'은 '일을 하는 시간'임을 잊지 말자.

전화 받는 자세가 마음도 통하게 한다

금기지수 ★

건망지수 ★★★

거래처 사람과 용건이 있거나 고객과 상담을 해야 하는 경우 직접 만나는 것보다 전화하는 것을 선호하는 사람들이 있다. 전화를 할 때는 의자를 뒤로 젖히고 앉아서 하든 턱을 괴고 하든 상대에게 보이지 않기 때문에 편하게 이야기할 수 있기 때문이다.

하지만 흐트러진 자세로 전화를 하면 왠지 모르게 목소리도 건성이 된다. 업무상 전화인데 상대방이 그런 느낌을 받으면 일이 잘될 리가 없다. 또 전화를 하고 있는 본인은 물론 회사의 이미지마저 나빠진다. 상대방이 보이든 보이지 않든 긴장을 늦춰선 안된다.

전화를 받을 때도 직접 만날 때처럼 허리를 꼿꼿이 하고 상대방을 존중하는 태도로 받아야 한다. 이런 태도가 상대에게 집중하고 있다는 증거이기도 하다. 너무 긴장해 큰 목소리로 통화할 필요는 없지만 최소한 자세를 바르게 하고 상대방의 이야기에 집중하려는 마음가짐이 필요하다.

회사 이미지를 바꾸는 전화 매너

금기지수 ★★

건망지수 ★★★

집에 세일즈를 하는 전화가 걸려오면 당신은 어떻게 대응하는가?

무뚝뚝하고 퉁명스럽게 "그런 것은 필요 없는데요" 하고는 찰칵 끊어버리지 않는가? 또 회사에서도 마찬가지로 행동하는 것은 아닌가?

앞에서도 언급했지만 전화를 받은 사람의 태도가 곧 그 회사의 이미지이다. 일과 아무 관련 없는 전화라 해도 무뚝뚝하고 불친절하게 받으면 안 된다. 상대가 세일즈를 하는 사람이라도 마찬가지이다.

세일즈를 하는 사람의 입장에서는 전화를 받는 곳이 어떤 회사라는 것을 빤히 알고 있다. 그럼에도 불구하고 퉁명스럽게 전화를 받으면 '이 회사는 사원들 교육이 엉망'이라든가 '나쁜 회사'라는 이미지가 심어질 것이다.

귀에 못이 박힐 정도이겠지만, 전화를 받는 사람이 '회사의 얼굴' 이다. 책임감을 가지고 잘 대응하기를 바란다.

Check Point   **전화 받는 사람이 회사의 얼굴!**

일과 관계없는 전화라도 친절하게 받자.

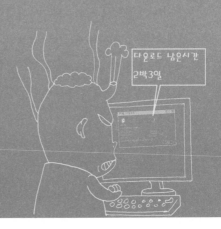

휴대전화, 메일

상대방을 배려하는 매너

'디지털 도둑', 카메라폰

금기지수 ★★★

건망지수 ★★★

카메라폰 보급이 일반화되었다. 카메라폰은 휴대가 간편하고 어느 곳에서든 손쉽게 사진을 찍을 수 있다는 장점이 있다. 하지만 이런 이유로 여러 가지 문제가 발생하고 있다. 그중에서 최근 심각한 문제로 떠오른 것이 '디지털 도둑'이다. 디지털 도둑이란 서점이나 편의점에서 책이나 잡지의 일부를 카메라폰으로 촬영하는 것을 말한다.

요즘 몇 장 안 되는 기사 때문에 책을 구입하지 않고 필요한 부분만 카메라폰으로 찍어 가는 사람들이 증가하고 있다.

현재 이를 규제하는 법률은 없지만 사지도 않고 정보를 손에 넣는 것은 도둑질이나 다름없다. 이런 행위는 범죄는 아니지만 도덕성의 문제로 이런 일이 자주 발생하면 당연히 책이 팔리지 않을 것이다.

또한 촬영한 영상을 인터넷에 공개한다거나 메일에 첨부하면 저작권과 초상권에 저촉된다. 이것은 잡지를 구입했다 하더라도 문제가 된다. 즉, 잡지에 실린 사진 모델을 다른 사람들에게 보여 주고 싶은 마음에 카메라폰으로 찍어서 인터넷에 올리는 것은 모델의 초상권을 침해하는 일이고, 그 사진에 대한 저작권을 침해하는 일이 된다.

최근 웹사이트나 블로그에 일기를 공개하는 사람이 많다. 하지만 사진을 업로드하는 것은 잘 생각해 볼 일이다.

Check Point 책을 카메라폰으로 찍는 건 범죄 행위!

카메라폰으로 찍은 잡지에 실린 정보나 모델 사진을 인테넷에 올리는 것은 저작권과 초상권에 저촉된다.

지금 전화 받으시기 괜찮습니까?

금기지수 ★★
건망지수 ★★★

A씨가 거래처에 전화를 했다.

"외출 중이니 휴대 전화로 전화해 주십시오."

휴대 전화로 다시 걸었다.

"○○사의 A입니다. 저, 저번 발주 건 때문에 여쭤볼 것이 있는데…"

A씨의 대화에서 무엇이 잘못되었는지 알겠는가? "'저' 하는 말투가 잘못되었을까?"라고 생각하는 사람은 A씨와 같은 실수를 범하고 있는 것이다.

정답은 상대방에 대한 배려 부족이다.

여기에서 주목할 점은 상대방이 외출 중이니 휴대 전화로 하라고 했다는 것이다. 외출 중이라는 것은 상대방이 차 안에 있을 수도 있고, 누군가와 면담 중일 수도 있다는 것이다. 즉, 전화를 받을 수 없는 상황일 수 있다.

　'전화를 받을 수 있으니까 받았을 테지. 그러니 괜찮은 것 아냐'하고 생각할 수 있다. 하지만 상대방은 "지금 이동 중이니…", "지금 회의 중이라…" 하고 양해를 구할 작정이었는지도 모른다.

　'항상 외근이 잦은 사람', '너무 급한 용무라 빨리 연락을 해야 하는 경우' 가 아니면 다른 회사의 직원에게 휴대 전화로 전화하지 않는 것이 기본이다.

　휴대 전화 번호는 비상 연락망이라고 생각하는 것이 좋다. 상대방이 휴대 전화로 전화해 달라는 요청이 없었다면 메모를 남기거나 귀사 시간을 물어본 후 다시 전화를 걸도록 한다.

　휴대 전화로 연락을 할 경우 "지금 전화 받으시기 괜찮습니까?"하고 먼저 물어보자. 혹시 받을 수 없는 상황이라면 언제 통화가 가능한지 확인하도록 한다.

Check Point　　**휴대 전화는 비상 연락망!**

업무상 용건은 휴대 전화로 연락하지 않는 것이 기본이다.
휴대 전화로 연락을 할 경우,
"지금 전화 받으시기 괜찮습니까" 하고 물어보는 것이 매너이다.

휴대 전화에 저장한 메모를 날렸습니다

금기지수 ★★

건망지수 ★

요즘 휴대 전화는 메모장을 비롯한 전자수첩, 카메라 등 다양한 기능을 갖추고 있다. 심지어 "휴대 전화와 지갑만 있으면 어디든지 갈 수 있다"고 말하는 사람들이 있을 정도다. 하지만 너무 휴대 전화에만 의지하면 안 된다.

예를 들어 거래처 사람과 회의 중에 결정된 사안을 휴대 전화에 메모를 한다고 하자. 상대방은 '도대체 이 사람 뭐 하고 있는 거야' 하고 생각할 것이다. 당연히 신뢰감도 떨어지게 된다.

휴대 전화를 화장실에 빠뜨렸다든가 건전지 팩이 부서졌다든가 하는 문제가 생겼을 경우, 데이터가 훼손되기 쉽다. 디지털 데이터는 검색과 관리가 편리한 장점이 있는 반면 삭제되었을 때 복구가 불가능한 단점이 있다. 이런 경우 중요한 회의 기록이나 업무상의 메모를 잃게 된다.

휴대 전화 데이터를 백업하는 습관을 가진 사람은 거의 없다. 데이터가 훼손된 후 '백업 받아 놨으면 좋았을 걸' 하고 생각해도 이미 늦은 일이다. 또한 건전지가 다 닳아서 확인을 할 수 없는 경우도 발생할 수 있으니 업무 중의 메모는 반드시 수첩에 하도록 하자.

시계 대신 휴대 전화를 사용하는 사람도 많다. 업무상 외근이 잦은 경우에는 반드시 손목시계를 착용하도록 하자.

- 휴대 전화의 용도는 전화를 하기 위한 것이다.

- 회의 기록이나 업무상의 메모를 휴대 전화에 저장해서는 안 된다.

- 업무상의 메모나 회의 기록은 반드시 수첩에 기록한다.

회의를 망쳐버린 '♪전화예요'

금기지수 ★★

건망지수 ★★★

거래처에서 중요한 회의 중이다. 그런데 발밑에 놓인 가방에서 개그맨 목소리의 '♪전화예요'라는 소리가 회의장에 울려 퍼진다. 당연히 회의는 중단됐다. 자신의 휴대 전화 벨소리라는 것을 뒤늦게 알게 된다.

"아! 정말 미안합니다."

당황해서 일어나려다 책상에 부딪쳐 차를 쏟는다. 게다가 발밑에 가방을 잡으려다가 의자가 뒤로 넘어지는 바람에….

회의 중 아주 큰 소동이다. 거래처 사람도 '아니? 이런 사람이랑 같이 일해도 괜찮을까?' 하고 생각할 것이다.

이런 경우, 일어나는 행동도 문제지만 휴대 전화의 벨소리도 큰 문제가 된다.

또한 전화 벨소리가 개그맨 목소리라면 문제는 더 심각하다. 휴대 전화는 회사에서 지급되는 경우도 있겠지만, 개인적인 용도와 같이 사용하는 경우가 대부분이다. 개인적인 일로만 사용하는 것이면 자신이 좋아하는 노래로 벨소리를 하든 어떤 벨소리를 하든 상관없다. 하지만, 업무 겸용이라면 다시 생각해 볼 문제다.

개인적인 일과 업무상의 일을 겸용한 휴대 전화라면, 회사에 출근하기 전에 매너 모드로 바꾸고, 회의에 들어갈 때에는 전원을 끄도록 한다.

한 가지 더 주의할 점이 있다. 휴대 전화 장식이다. 특히 젊은 여성의 경우, 본체보다 더 큰 장식들을 주렁주렁 달아 놓는 경우가 있는데, 그런 전화를 업무적으로 사용하면 안 된다. 아마 업무상 만난 사람은 '이 사람은 일을 할 준비가 되어 있지 않다'고 생각할 것이 틀림없다. 휴대 전화 장식은 심플한 것 하나 정도가 적당하다.

- 휴대 전화 벨소리는 출근하기 전에 미리 진동 모드로 바꿔 놓는다.
- 너무 화려한 휴대 전화 장식은 상대에게 신뢰를 잃는 요인이 된다.

휴대 전화, 때와 장소를 가려 사용하자

금기지수 ★★

건망지수 ★★

거래처에서 업무가 끝난 후 휴대 전화로 회사에 연락을 했다. 그러나 전화를 받는 사원에게는 잡음만 나고 잘 들리지 않는다.

"여보세요. 전화감이 너무 먼 데요"라고 말하는 사이에 전화는 이미 끊겨버렸다. 전화를 받은 직원은 저쪽에서 먼저 걸었으니 다시 전화를 걸 것이라 생각하고 기다리고 있는데 다시 전화가 오지 않는다. 한편 전화를 건 쪽은 '돌아가서 보고하면 되지' 하고 전화 거는 것을 미룬다.

그러나 이런 생각은 바람직하지 못하다. 회사로 전화를 했을 때는 용무가 있기 때문이다. "지금 회의가 끝났습니다. 이제 돌아가겠습니다"라고 말하는 것도 중요한 용무이다.

비즈니스 세계에서는 성실한 보고가 업무의 효율을 높이고 사원간의 연대감을 강하게 만든다. 전화 통화가 불가능한 곳에서의 연락은 그야말로 형식적인 것일 뿐이다. 따라서 전철의 플랫폼이나 사람이 많은 가게 등 소음이 심한 곳은 피하는 것이 좋다. 또한 지하철에서는 전파가 잘 잡히지 않기 때문에 더 주의해야 한다.

휴대 전화에는 상대방의 목소리를 크게 들리게 하는 설정이나 자동차 소음을 제거할 수 있는 '잡음 제거 기능'이 있다. 반드시 활용하도록 하자. 혹 본인이 건 전화가 중간에 끊어졌다면 반드시 다시 전화를 걸자. 상대방이 전화한 경우라도 전화번호를 알 수 있다면 먼저 거는 것이 좋다.

Check Point   **전화감이 너무 먼데요?**

업무상 전화를 해야 할 때는 발신자 표시 기능을 켜 놓는다.
번호를 알 수 없게 해 놓으면 상대방의 신용을 잃는 요인이 된다.

"결근해욤, 봐주삼 ^^;;"

금기지수 ★★★
건망지수 ★★

"내일 2시에 뵙겠습니다. (^^)"

거래처의 담당자에게 이런 메일을 보내면 기본이 안 된 사람 취급을 당한다. 개인적으로 쓰는 메일은 어떤 이모티콘과 인터넷 용어를 사용하든 본인의 자유이다.

그러나 업무상 주고받는 메일에 이모티콘을 사용하는 것은 다시 한 번 생각해 볼 필요가 있다.

메일이나 편지는 내용과 기분까지도 글로 전해야 하기 때문에 어려운 점이 있다. 때문에 개인적인 메일에서나 사용함직한 이모티콘으로 얼버무리는 경우가 많다.

이모티콘은 어디까지나 개인용이다. 업무상 메일이나 상사에게 메일을 보낼 경우에는 자신의 의견을 정확하게 글로 표현하자.

또한 결근 통보와 업무상 보고를 문자 메시지로 보내는 것도 피해야 한다.

"결근해요, 봐주삼 ^^;;" 같은 문자는 절대 보내선 안 된다.

● 업무상 메일을 보낼 때 이모티콘을 사용하는 것은 매너가 아니다.

첨부 파일이 상대방도 당황하게 만든다

금기지수 ★★

건망지수 ★★★

현장 시찰에서 찍은 사진을 보내달라는 거래처의 부탁을 받고 사진데이터를 메일에 첨부해 보냈다. 한참 후 수신 확인을 해보니 틀림없이 보낸 메일이 전송 오류로 돌아와 있는 경우가 있다. 첨부 파일의 용량이 너무 커서 수신 거부를 당했기 때문이다.

또한 용량이 큰 첨부 파일을 보낼 경우 상대방 회사의 네트워크에 영향을 끼칠 수도 있다. 이런 사태를 방지하기 위해서 10MB보다 큰 용량의 첨부 파일은 수신거부로 설정해 놓는 회사도 많다. 게다가 용량이 큰 첨부 파일을 한꺼번에 보내게 되면 상대방이 메일 받는 데 시간이 오래 소요돼 안절부절못하게 될지도 모른다.

'10MB'가 어느 정도의 용량인지 가늠하기 어려울지도 모르겠지만, 일반적으로 사용되는 플로피 디스크 한 장에 들어가는 용량이 1.44MB라고 생각한다면 꽤 큰 용량이라는 것을 알 수 있다.

첨부 파일 용량의 상한선은 상대방의 서브의 용량에 좌우되지만 100~200KB(1MB=1000KB) 정도로 생각하면 될 것이다. 이것보다 큰 용량의 첨부 파일은 압축프로그램을 이용하자.

또한 자신의 회사 서브에 업로드해 상대방이 다운로드 받는 방법과 CD-R로 복사해 우송하는 방법도 있다. 상대방의 상황을 고려해 그때그때 적당한 조치를 취하도록 하자.

● 용량이 큰 첨부 파일을 보내면 전송 중 오류가 생기기 쉽다.

● 첨부 파일을 보낼 때는 받는 사람의 서버 상태나
  파일 용량을 체크해 적당한 방법을 선택한다.

메일을 보낸 후 확인 전화는 기본

금기지수 ★★

건망지수 ★★

거래처 담당자에게 오늘 중으로 대답을 받아야 하는 급한 용무가 있는 A씨. 하지만 전화로는 충분히 설명을 할 수 없을 것 같아 전화 대신 메일을 보냈다.

그러나 거래처 담당자는 외근을 나갔다가 현장에서 바로 집으로 퇴근해 메일 확인을 하지 않았다.

다음 날, 메일 확인을 한 거래처 담당자는 당황할 수밖에 없다. 어제 보낸 A씨의 메일에 "오늘 중으로 연락해 주십시오"라고 씌어 있었기 때문이다. 이런 경우 메일을 받은 거래처 사람도 A씨도 곤란한 일이다.

메일은 상대방의 상황과는 관계없이 바로 용건을 전달할 수 있는 편리한 수단이다. 하지만 상대방이 메일을 확인하지 않는 한 전해지지 않는 단점이 있다.

앞의 경우처럼 상대방이 외근을 나가거나, 회사에 있다 하더라도 메일 체크를 할 수 없을 정도로 바쁠 수도 있다. 즉, 메일은 보내는 사람으로선 간편하게 일을 처리하는 방법이지만 급히 처리해야 할 일의 경우에는 적당하지 않다.

직접 만나거나 전화로 연락하는 게 긴장되어 힘들어하는 사람들이 있다. 이런 사람들은 방문이나 전화 연락 대신 메일을 자주 사용한다. 하지만 업무상 상담이나 심도 깊은 이야기를 해야 할 경우에는 전화 통화를 하거나 직접 만나는 것이 바람직하다. 메일은 문자로 모든 것을 전달해야 하기 때문에 오해가 생길 수도 있고, 문장을 쓰는 시간과 읽는 시간도 필요하기 때문이다.

또한 긴급하지만 첨부해야 할 것이 있는 경우에는 메일을 보낸 후 "지금 ○○건으로 메일을 보냈으니 확인해 주시길 부탁드립니다" 하고 확인 전화를 해 주자.

Check Point   메일 사용 시 기본 매너!

메일을 보낸 후에는 반드시 확인 전화를 한다.

사내
생활 1

능력을
인정받는 매너

디비디비
좋은아침
입니다

짜   광

업무 보고는 사회인의 의무다

금기지수 ★★★

건망지수 ★★

"그 일 말인데, 거래처와는 확인을 했나?"

상사가 어젯밤 A씨가 담당하고 있는 업무에서 결정된 사안에 대해 물었다.

"예, 어제 전화를 했는데 거의 이 안으로 결정될 것 같은데요."

그런데 A씨의 대답에 상사가 갑자기 화를 낸다.

상사가 화를 내는 이유는 무엇일까? 이유를 모르는 사람은 A씨와 똑같은 실수를 하고 있음이 틀림없다. 답은 '어제 전화한 내용을 상사에게 보고하지 않았다' 이다.

회사 일을 수행하기 위해서는 반드시 사원 간의 연대가 필요하다. 사원들 각자가 서로서로 '이 일은 누가 하고 있다', '언제 상담이 매듭지어졌다' 하는 등 업무와 관계된 일을 파악하고 있지 않으면 혼란과 트러블이 생긴다.

A씨의 경우 상대방 회사에 전화를 한 후 바로 상사에게 "상대방에게 전화를 걸었다", "상대방은 이쪽에서 제출한 안을 대체적으로 찬성한다" 하는 것을 보고해야 한다. 또 '대체적으로 찬성' 한다고는 하지만 '모든 것을 찬성' 하는 것이 아닌 이유, 즉 '무엇에 불만을 가지고 있는가?' 라는 내용도 전해야 한다. 상대방의 의견을 받아들여 수정하거나 문제가 있으면 그것을 지적해 이쪽의 의견을 관철시키는 등 앞으로 해야 할 일의 방향을 잡아 나갈 수 있기 때문이다.

단기간에 진행돼야 할 업무는 더 빠른 보고가 필요하다. 출장에서 돌아왔을 때, 문제가 생겼을 때, 몸 상태가 좋지 않아 결근한 다음 날 등 뭔가 새로운 일이 있을 때마다 일일이 상사에게 보고하는 습관을 들이도록 하자.

Check Point 업무 보고는 기본!

업무 보고는 기본 중에 기본이다.
새로운 일이 있을 때마다 바로바로 보고해야 한다.
단기간에 진행돼야 할 업무는 더 빠른 보고가 필요하다.

회사 기기만 잘 다뤄도 업무 효율 100% up

금기지수 ★★★
건망지수 ★★

복사기나 팩스, 컴퓨터 등의 기기를 잘 사용하는 것도 일의 능률을 올리는 방법 중 하나이다.

　그러나 회사의 기기를 사용하는 데 자기 나름대로의 방법을 고집한다든가, 기기에 문제가 생겼는데도 해결하지 않은 채 방치하는 것은 더 큰 문제를 초래하는 요인이 된다.

　예를 들어 1권 분량의 서류를 "5세트 복사해 주세요"라는 부탁을 받았을 때, 소트 기능(마지막에서 첫째 장까지 자동 세팅해 주는 기능)이 있다는 것을 모르고 한 페이지를 5장 복사하고, 그 다음 페이지를 또 5장 복사하기를 반복해서 복사가 끝나면 1부씩 손으로 일일이 나누어 정리를 한다. 당연히 소트 기능을 이용하는 것보다 많은 시간이 걸리고 다른 업무에도 지장이 생긴다.

　회사의 기기는 점점 디지털화되고 있기 때문에 처음 접할 때는 많이 당황하게 된다. 하지만 기기 사용법 하나만 잘 숙지해도 작업 시간이 단축되고, 기기의 오류나 고장도 방지할 수 있다. 회사에서 사용하는 기기들의 기능과 사용법을 확실하게 익혀 업무의 효율성을 높이도록 하자.

Check Point 회사 기기와 업무 효율!

회사 내 기기 사용법만 잘 알아둬도 일의 능률이 오른다.

기기에 문제가 생겼을 때는 바로 해결하도록 한다.

내 돈은 나의 돈, 회사 돈도 나의 돈?

금기지수 ★★★

건망지수 ★★

외근을 나갔을 때, 방문하는 곳이 가깝고 시간적 여유가 있으면 택시를 이용하지 않고 걸어서 이동하기도 한다.

혹 이런 경우 '나 혼자 갔다 온 것이고 대단한 금액이 아니니까 아마 모르겠지' 하는 생각에 타지도 않은 택시비를 청구한 적은 없는가? 그 외에도 회사 경비를 좀 더 부풀려서 청구를 한다든가, 미리 받은 비용의 나머지를 흐지부지 써버리지는 않는가?

이런 행동은 사회인으로서 해서는 안 된다. 또한 금액이 적기 때문에 대강 처리해도 된다는 생각을 했다면 사회인으로서 자격이 없는 것이다. 물론 큰돈을 속인다든가, 절대 발각되지 않을 방법을 연구한다든지 하는 악질적인 일이 아니라면 교통비나 비품구입 등 적은 금액의 정산은 그냥 봐줄 수도 있다.

하지만 한 번 쉽게 넘어가면 점점 그런 일들이 만성화되고 나쁜 습관으로 굳어질 수 있다. 한 번에 천 원 정도라 하더라도 10번이면 만 원, 100번이면 십만 원이 된다.

'1억 원 착복', '100억 원 횡령' 같은 뉴스를 자주 접하게 된다. 앞에서 말한 예와는 다른 경우지만 근본적으로 똑같은 잘못을 저지른 것이다. 즉, 처벌 받지는 않았지만 똑같은 범죄 행위인 것이다.

또한 자신이 금전적으로 누군가에게 똑같은 방법으로 속고 있다면 틀림없이 화가 날 것이다. 거기에 상대방의 인격도 의심할 것이다.

회사도 마찬가지이다. 아무렇지도 않게 회사 경비를 부풀려 청구하는 사원은 인격이 의심되며, 회사에 두고 싶지 않은 사람으로 평판을 잃을 것이다.

'대단한 금액이 아니니까'

이런 생각으로 목이 달아날 수도 있다.

Check Point　　**회사 경비는 철저히!**

자신의 돈과 회사의 돈은 철저히 구분해 사용한다.

회사 비품, '마음껏 집으로 가져가십시오?'

금기지수 ★★★

건망지수 ★★★

화장실에 휴지가 없어서 비품창고를 열어보았더니 휴지가 산더미처럼 쌓여 있다. 그리고 보니 집에도 화장지가 떨어졌다. 이때 '1개 정도 가져가는 것이야' 라는 생각에 냉큼 화장지를 들고 집에 가져가는 행동을 하지는 않는가?

회사에는 문구, 청소용품, 차 등 여러 가지 비품이 구비되어 있다. 이런 비품들은 업무용으로 주문해 여분을 많이 가지고 있는 경우가 대부분이다.

그러나 '회사용' 이지 '제발 마음껏 집으로 가져가십시오' 하는 것이 아니다.

펜 한 자루, 휴지 하나는 금액으로 치면 몇백 원 정도에 불과하다. 하지만 그 몇백 원을 지불하는 것은 회사이지 당신이 아니다. 회사에서 사용하는 휴지를 사원이 사는 것이 아닌 것처럼 회사는 당신이 집에서 사용하는 휴지를 사 주지 않는다.

비품을 집에 가져가는 것은 도둑질이다. 그러나 실제로 펜 한 자루 때문에 경찰에 신고하는 회사는 없다. 기껏해야 상사로부터 야단을 듣는 것으로 끝날 것이다. 그렇더라도 너무 상습적이라든가, 고가의 물건, 개인 정보 등이 관계된 경우에는 그 처벌도 엄격해질 것이다.

만약 집에서 일을 해야 할 경우에는 무엇을 몇 개 빌려가고, 언제까지 반환하는가를 상사에게 정확하게 보고하자.

Check Point **회사 비품에 대한 착각!**

회사에서 사용하는 문구, 청소용품, 차 등을 개인적인 용도로 사용하면 안 된다.
회사 비품을 사외에서 사용하는 경우,
상사에게 반드시 무엇을 빌려가고 언제까지 반환하는지를 보고한다.

37

지하철에서 누설된 대형 프로젝트

금기지수 ★★★

건망지수 ★★★

귀가 중 전철에서 우연히 대학 친구를 만난 A씨. 둘 다 직장을 다닌 후 연락이 끊겨 오랜만에 만난 것이다.

"일은 어때?"

"너무너무 바빠. 이번에 처음으로 대형 프로젝트에 참가하게 되었는데…."

"어이! 대단한데! 어떤 일을 하는 거야?"

"그게 말이야…."

처음 맡은 대형 프로젝트가 너무 자랑스러웠는지, A씨는 프로젝트의 내용을 자세히 이야기하게 됐다.

이런 A씨의 행동은 나중에 큰 문제를 일으킬 소지가 있다.

회사를 나와서도 회사의 일에 대해 열을 내며 이야기한다는 것은 그만큼 회사 일에 열정을 가지고 있다는 증거이다. 하지만 동시에 회사나 업무상 기밀사항에 무신경한 것일 수도 있다.

앞에서 말한 전철의 상황을 재현해 보자. 혹시 그 사람 가까이에 똑같은 프로젝트를 진행하고 있는 라이벌 회사의 직원이 있었다면 어떻게 되는 것일까? 당연히 라이벌 회사의 직원은 그들의 대화 내용을 알아들었을 것이다. 게다가 이야기 중에 자신의 회사에 도움이 될 만한 정보라도 있었다면 너무나 고마운 일이다. 다음 날, 라이벌 회사에 전철 안에서의 이야기가 알려지고 상대방 회사를 이기기 위한 대책이 마련될 것이다.

이와 같이 아무렇지도 않게 한 이야기가 생각지도 않은 곳에서 예상치 못한 형태로 이용당할 수 있다.

회사 밖에서는 업무 이야기나 직원의 개인적인 이야기는 피하도록 하자.

- 공공장소나 회사 밖에서 업무 이야기를 하는 것은 피한다.
- 본인도 모르는 사이 회사 기밀이나 정보가 누출될 수 있다.

글씨 모양으로 일하는 자세를 알 수 있다

금기지수 ★★

건망지수 ★★

컴퓨터의 발달로 문서나 편지를 쓰는 일이 거의 없어졌다. 이는 일상생활에서 뿐만 아니라 회사에서도 마찬가지이다. 하지만 손으로 글을 쓸 일이 전혀 없어진 것은 아니다. 메모를 한다거나 편지의 수신자 주소, 성명, 서명을 할 때에는 손으로 쓰는 경우가 대부분이다.

이럴 때 알아볼 수 없는 글씨체로 쓰는 것은 실례이다. 메시지를 전달하는 메모를 읽을 수 없다면 의미가 없는 것이고, 주소, 성명을 휘갈겨 썼다면 받는 사람도 불쾌할 것이다.

봉투에 주소를 써 놓고 '으음! 내가 봐도 내 글씨는 정말 형편없군' 하고 새삼스럽게 생각하는 사람도 많을 것이다. 하지만 '알아볼 수 없을 정도도 아니고, 괜찮지 뭐. 자주 있는 것도 아닌데…' 라는 생각을 하고 있다면 사회인으로서 자각이 부족하다.

또한 '본래 글씨를 못 쓰니 할 수 없다' 하고 자위하는 사람은 조금만 더 노력하길 바란다.

본래 글씨를 못 쓴다는 것은 변명에 지나지 않다. 평소 글씨를 잘 쓰는 사람도 급하게 글씨를 쓰면 잘 읽을 수 없다. 즉, 중요한 것은 마음의 문제다. 예를 들어 본래 글씨를 잘 못 쓴다고 하더라도 정성을 들여 천천히 쓰면 제대로 글씨에 공손함이 표현되는 것이다.

Check Point **글씨는 마음의 문제!**

메모, 수신자 주소, 성명 등을 알아볼 수 없는 글씨체로 쓰면 안 된다.

글씨를 못 쓰더라도 정성을 들여 쓴다.

글씨에 쓰는 사람의 공손함이 나타나 상대방에게 전달될 수 있다.

일하는 곳과 노는 곳을 구별하자

금기지수 ★★★
건망지수 ★★

상사 : "○○사에 영업 다녀왔지? 어떻던가?"
신입사원 : "대빵 아니라는 생각이 들었어요."
상사 : "뭐가 아니던가?"
신입사원 : "담당자가 왠지 모르게 짱 기분 나쁜 사람이라…."

신입사원이 이런 말투를 사용한다면 상사는 '너야 말로 아니지' 하며 한탄할 것이다.

사적인 자리에서 '대빵', '짱'과 같은 젊은이들의 말투를 아무렇지도 않게 사용하다가 회사에서도 자기도 모르게 이런 말을 내뱉는 경우가 있다.

하지만 이런 말을 사용하는 사람은 야무지지 못한 인상을 준다. 일하는 곳과 노는 곳의 구별을 확실히 하자.

- 평소에도 '대빵', '짱'과 같은 말투는 쓰지 않도록 한다.
- 평소에 쓰는 말이 버릇이 돼 회사에서도 내뱉을 수 있다.

매뉴얼 인간의 치명적 오류

금기지수 ★★

건망지수 ★

접객업이나 영업직 등 외부인과 만날 기회가 많은 업종의 회사에는 '매뉴얼' 이라는 것이 있다. 매뉴얼은 손님과의 대화는 어떻게 해야 하는지, 전화는 어떻게 받아야 하는지 등에 대한 세세한 사항들을 기록해 놓은 것이다.

요즘에는 매뉴얼대로만 하면 만사 OK라고 착각을 해 모든 일을 매뉴얼대로 처리하려는 사람도 있다. 하지만 매뉴얼대로 한다고 해서 결코 완벽한 것은 아니다.

해가 진 후 가게에 들어갔는데 점원이 인사를 한다.

"어서 오십시오. 좋은 아침입니다."

인사를 하고 권하는 물건에 대해 물어봤더니 테이프를 재생하듯이 똑같은 말로 처음부터 다시 설명을 한다. 당연히 손님은 어리둥절할 수밖에 없다. 이 점원은 매뉴얼에 적혀 있는 그대로만 일하고 있는 것이다.

아마도 매뉴얼에는 아래와 같이 돼 있었을 것이다.

인사는 "어서 오십시오"만이 아니라 "좋은 아침입니다"를 붙여서 상쾌하게 대응.

손님에게 납득 가능할 때까지 친절하게 설명.

매뉴얼대로 행동하는 점원의 말은 마치 책에 나오는 대사를 읽고 있는 것처럼 부자연스럽다. 물론 매뉴얼대로 하는 것이 나쁘다는 것은 아니다.

그러나 아무리 자세히 설명된 매뉴얼이라도 일어날 수 있는 모든 상황들까지 설명하지는 못한다. 따라서 손님의 필요에 따라, 상황에 따라 적절히 대응하는 판단력이 필요하다. 사원이나 점원에게 바라는 것은 매뉴얼에 나와 있는 틀에 박힌 접대가 아니다. 실수하지 않기 위해 매뉴얼만 따라하면 결국 손님이나 거래처의 신용을 잃게 된다. 반드시 자신이 받고 싶은 접대를 생각해서 그와 같이 일하도록 하자.

- 모든 일을 회사 매뉴얼대로만 행동해서는 안 된다.

- 손님 접대 시 상황에 따라 대응하는 융통성이 필요하다.

회사는 나이로 일하는 곳이 아니다

금기지수 ★★★

건망지수 ★★★

신입사원 A씨에게 업무를 가르쳐준 선배는 그보다 연하이다. A씨는 선배가 자신보다 어리기도 하고 성격이 밝아서 격의 없이 대하기로 했다.

사회에 나오면 A씨와 비슷한 경우가 빈번하다. 하지만 사회에서 A씨처럼 행동하는 것은 절대 금물이다.

회사는 학생 때나 개인적으로 만났을 때처럼 나이로 말하는 곳이 아니다. 업무 능력과 경력으로 평가되는 곳이다. 아무리 상대가 연하라 하더라도 일찍 입사했으면 선배이며, 나중에 입사한 사람은 나이가 많더라도 후배이다.

후배는 선배에게 가르침을 받는 입장이므로 한 걸음 뒤로 물러난 자세로 임해야 한다. 이야기를 할 때에도 깍듯이 경어를 쓰고 부를 때에도 '님'을 붙여서 부르는 것이 원칙이다. 회사에 따라 다르겠지만, 이것이 사회생활의 기본이다.

Check Point **호칭 사용의 매너!**

회사에서는 나이가 어려도 일찍 입사한 사람이 선배이다.
선배나 상사가 자신보다 어리더라도 함부로 대해선 안 된다.

동료에게
신뢰를 주는 매너

"부장님 저 내일 휴가갑니다"

금기지수 ★★★

건망지수 ★

친구와 해외여행을 계획한 A씨. 휴가 계획으로 신바람이 났다. 하지만 회사에 휴가원은 제출한 것일까? 만약, 바로 전날에야 휴가를 신청하면 상사는 "왜 미리 얘기 하지 않았는가?" 하고 화를 낼 것이다. A씨와 같이 휴가일에 닥쳐 휴가원을 내는 일은 다른 사원에게 폐를 끼치는 일이다.

갑작스러운 병이나 변고로 인한 휴가라면 어쩔 수 없지만 미리 계획된 일이라면 사전에 휴가원을 제출하는 것이 상식이다. 상사에게 휴가 기간과 사유를 분명히 밝히고 미리 휴가 신청을 하는 것이 좋다.

휴가를 낼 때는 휴가의 시기도 신중히 생각해야 한다. 업무가 많은 시기에 휴가를 내면 당연히 다른 사원이 바빠진다. 이런 이유로 연말이나 기말 등 바쁜 시기에는 휴가를 내지 않는 것이 매너이다.

하계, 동계 휴가 때에도 귀성 예정이 없는 사람은 귀성하는 사람의 일정을 생각해 휴가 기간을 조정하는 배려를 보여 주면 좋다.

'휴가는 사원의 권리이므로 언제 어떻게 사용하는가는 본인의 마음'이라고 생각한다면 사회인으로서 자각이 부족하다.

휴가원이 받아들여진 후에는 급한 용무는 휴가 전에 처리해 놓고 진행되는 일은 인수인계를 해 두자.

또한 휴가 중에 회사에서 걸려오는 전화가 부담스러울 수도 있지만 비상사태를 대비해 휴대 전화는 항상 가지고 다니자. 혹 휴대 전화 번호 외에 다른 연락처가 있다면 알려주는 것도 잊지 말자.

휴가가 끝난 후에는 상사에게 "휴가를 허락해 주셔서 감사합니다"라는 인사말을 하는 것이 좋다.

Check Point   휴가 신청 시 기본 매너!

휴가원은 반드시 사전에 제출한다.
휴가 기간은 회사의 업무가 바쁘지 않은 시기로 택하는 것이 좋다.

결근 시 연락할 때의 유의점

금기지수 ★★★

건망지수 ★

'고열이 난다, 심하게 배가 아프다' 할 때에는 바로 휴가를 받아 건강을 회복하는 것이 사회인으로서의 매너이다. 아니면 회사에 '결근합니다', '병원에 들렀다 출근하겠습니다' 하는 메시지를 확실히 전달하고 자신의 컨디션을 회복해야 한다.

몸 상태가 안 좋으면 업무 능률이 오르지 않고, 실수를 하기 쉬우며, 다른 사람에게 바이러스를 옮길 확률도 높기 때문이다.

결근이나 휴가 신청을 내야 하는 경우에는 반드시 본인이 직접 회사로 연락하도록 하자. 가족이나 주위 사람에게 대신 연락하게 하는 것은 사회인으로서 해서는 안 되는 행동이다. 의식이 몽롱해 구급차에 실려 가는 정도의 위급 상황이 아니라면 업무가 시작되기 전 본인이 직접 연락을 하는 것이 좋다.

상사가 엄한 사람이라면 전화를 했을 때 혼나지는 않을까, 꾀병이라고 생각하면 어떡하지 하는 생각에 더욱더 자신이 전화를 못할 수도 있다.

그러나 결근했을 때, 그날 해야 할 업무의 진행 사항 등을 확인해야 하기 때문에 본인이 직접 전화하는 것이 좋다. 주위 사람이 대신 연락하면 회사에서도 '본인이 직접 전화를 걸지 못할 정도로 심각하게 아픈 것인가?' 하는 걱정을 하게 된다.

몸 상태가 아니라 전철이나 버스의 지연 출발 등으로 늦어지는 경우에도 업무가 시작된 후에 전화할 게 아니라 업무 시작 전에 '어느 정도 늦을 것 같다' 고 연락하는 것이 좋다.

Check Point   결근 시 기본 매너!

결근 시, 본인이 직접 회사로 연락해 충분한 양해를 얻도록 한다.

그날 처리해야 할 업무의 진행 사항을 상사에게 보고해 둔다.

인사 잘하는 사람이 인상도 좋다

금기지수 ★★★

건망지수 ★★★

이제 갓 입사한 A씨. 회사에 출근해서도 까딱까딱 머리만 숙일 뿐 뭔가를 해 주었을 때도 '고맙습니다'라는 인사도 할 줄 모른다. 퇴근할 때도 마찬가지로 '그러면…' 하는 우물우물하는 어정쩡한 인사가 끝이다.

인사는 사회인으로서의 매너이기 이전에 인간으로서의 상식이다. 이런 인사 예절은 어린아이 때부터 부모님이나 학교에서 배운 것이다. 그런데 A씨와 같이 행동하는 사람들이 의외로 많다.

인사를 깍듯이 잘하면 그만큼 그 사람에 대한 인상도 좋아진다. 회사에서처럼 상하 관계가 확실한 곳에서는 특히 그 효과가 발휘된다. 군이 상사에게 잘 보이기 위해서가 아니라 마음을 담아서 인사를 하게 되면 그만큼 자연스럽게 공손한 인사가 나오게 된다.

마찬가지로 감사의 말을 해야 될 때도 쑥스러워하지 말고 분명하게 "감사합니다" 하고 말하는 습관을 들이도록 하자.

Check Point　　**인사는 상식이다!**

인사만 잘해도 그 사람에 대한 인상이 좋아진다.

감사의 말을 해야 할 때도 분명하고 정중하게 인사하는 것이 좋다.

술자리 매너로 상사의 눈에 띌 수 있다

금기지수 ★★

건망지수 ★

직장 생활을 하다 보면 상사가 직원 간의 친밀도를 높이는 차원에서 식사나 술자리 등에 부하 직원을 초대하는 경우가 종종 있다. 이런 경우 '이 상사와는 별로 함께 가고 싶지 않은데', '그런 장소는 별로 좋아하지 않아서' 하는 사람도 있을 것이다. 또 같이 가자는 권유를 받을 때마다 "죄송합니다, 오늘은 좀…" 하고 말끝을 흐리며 어떻게든 빠져나가려는 사람도 있다.

이런 경우 물론 억지로 가서는 관계가 가까워지지도 않겠지만, 계속해서 거절을 하는 것도 생각해 볼 문제이다.

상사의 배려일 수 있는데 매번 거절하는 것은 상사에게 나쁜 인상을 주는 요인이 될 수 있다. 또한 상사는 '그렇게 내가 싫은 것인가' 하는 생각에 섭섭해 할 수도 있다.

하지만 부하 직원은 이런 자리를 통해 상사의 의외의 모습을 발견할 수도 있다. 업무 시간에는 아주 엄하던 상사가 생각과는 달리 따뜻한 경우도 있는 것이다.

업무 시간 이후는 개인적인 시간이다. 굳이 그 시간에까지 '상사의 초대 = 업무 = 최우선'이라고 생각할 필요는 없다. 선약이 있다면 거절해도 괜찮다. 단, 그때에는 "저기 좀…"하며 말끝을 흐릴 것이 아니라 "초대해 주셔서 대단히 감사합니다. 오늘은 선약이 있어서"라고 확실한 이유를 밝히도록 한다.

● 상사의 술자리 초대, 매번 거절하는 것도 문제가 있다.

상사의 눈 밖에 난 이유

금기지수 ★★

건망지수 ★★

일을 능숙하게 처리하고 빠릿빠릿하게 행동해 주위로부터 능력을 인정받는 A씨. 이런 A씨가 동일 업종의 다른 회사로 자리를 옮겼다. 경력사원으로 채용된 A씨는 새로운 회사에서도 지금까지 해오던 방식으로 일을 해나갔다. 그리고 상사에게 "이 회사에서 일하는 방법은 잘못되었어요. 이전 회사에서는 이렇게 처리를 했는데요, 절대 이렇게 해야 돼요"라고 말한다. 이런 사람이 회사에 있으면 당신은 어떤 생각이 들까?

신입 사원이 보면 대단한 선배라고 생각할지도 모른다. 하지만 입사한 지 얼마 되지도 않는 사원이 여태 열심히 해온 일이 잘못되었다고 말할 때 상사의 기분은 어떨까?

이직을 한 회사에는 그 회사만의 일의 방식과 전통이 있다. 다른 사람이 "이 회사는 이런 면이 좋네요"라고 할 만한 부분이 분명히 있을 것이다. 그런 점을 무시하고 독불장군처럼 행동하면 상사는 '입사한 지 얼마 되지도 않았으면서 이 회사에 대해 얼마나 안다고' 하고 생각할 것이다. 그러면 좋은 관계를 맺을 수 없다. 우선 회사의 장점과 업무 수행 방법을 잘 파악하는 것이 필요하다. 또 자신이 훨씬 잘한다는 식의 태도도 버리는 것이 좋다.

물론 이런의 발언이나 행동이 자극이 되어 사내에 대담한 개혁을 일으킬 수도 있다. 하지만 자극은 어디까지나 자극이어야 한다. 상대방의 일하는 방식을 모두 부정하고 자신만이 옳다는 것은 자극이 아니라 탈취에 가깝다.

단팥죽에 소금을 조금 넣으면 단맛이 더 강해진다. 하지만 소금을 지나치게 많이 넣으면 짜지고, 맛없는 요리가 된다. 자극이라는 것은 이 소금 같은 역할을 하는 것이 바람직하다.

Check Point   회사의 장, 단점을 파악하는 것이 우선!

이직 시 회사의 방식과 전통을 무시해선 안 된다.
먼저, 회사의 장점과 업무 수행 방법부터 파악하는 것이 필요하다.

실수했을 때 어떻게 행동할까?

금기지수 ★★

건망지수 ★★★

"잘못을 한 사람은 정직하게 손을 드세요. 잘못한 사람이 나오지 않으면 아무도 집에 못 가요."

초등학교 때 반에 문제가 생기면, 선생님이 반 학생 전원을 모아놓고 눈을 감게 한 후 하는 말이다. 아무도 누가 잘못을 했는지는 모르지만 잘못을 한 당사자는 자신의 잘못으로 반 전체에 피해를 끼친다는 죄책감에 잘못을 시인하게 된다. 이런 일을 통해 아이는 책임감을 배우게 된다.

그러나 정작 어른이 되어서는 그 책임감을 잃어버린 것일까? 사회 생활을 하다 보면 자신의 잘못을 인정하지 않는 사람이 의외로 많다.

평소보다 화가 많이 난 상사. 아무래도 자신이 작성한 서류가 마음에 들지 않는 눈치다. 이때 상사가 자신에게 다가오자 자기도 모르게 "저, 저도 같이 하긴 했지만, A가 최종적으로 봤는데…."
하고 꼴 보기 싫은 변명을 늘어놓은 적은 없는가?

회사원으로서 이런 행동은 해서는 안 되는 일이며 다른 사람이
보기에도 기분 좋은 일이 아니다.

앞에서 말한 "A가 최종적으로 봤는데…"라는 변명도 A씨가 볼
때는 '아니, 그러면 내 탓이란 말이야!' 하는 생각이 들게 마련이
다. 본인은 어떻게든 피했다고 생각을 하겠지만, '저 사람은 책임
을 다른 사람에게 떠넘기는 사람'이라는 인상을 주게 된다. 그 순
간을 모면하기 위해서 한 변명을 한다면 계속 함께 일해야 할 동
료에게 신임을 잃게 된다.

최악의 경우, 변명이나 거짓말이 또 다른 거짓말을 낳아서 도저
히 수습할 수 없는 상황이 발생할 수도 있다. 자신의 잘못은 솔직
히 인정하고 책임을 질 때 이런 사태가 벌어지지 않는다.

실수는 누구나 하는 것이다. '화내는 것이 싫어서', '실수 때문
에 자신의 가치가 떨어지는 것이 싫어서' 등의 이유로 자신이 저
지른 실수에 대해 꽁무니를 뺄 것이 아니라 그 실수를 바탕으로
한층 도약한다는 기분으로 일에 임해야 한다.

- 자신의 실수는 솔직히 인정하고 책임진다.
- 변명이나 거짓말은 수습 불가능한 상황을 만들 수도 있다.

48

일의 혼선을 가져온 A씨의 외출

금기지수 ★★★

건망지수 ★★★

업무상 동료 A씨에게 급한 볼일이 생겼다. 그런데 A씨의 모습이
보이지 않는다. 다른 동료들도 A씨가 어디에 있는지 모른다. 누구
도 A씨가 외출한다는 말을 듣지 못했다고 한다.

몇 시간 후, 사라졌던 A씨가 돌아왔다.

"○○사에 미팅이 있어 다녀왔습니다."

아무렇지도 않게 말하는 A씨의 행동에 모두 당황할 수밖에 없다.
이런 A씨는 사회인으로서 실격이다.

회사는 많은 사원들이 팀을 이루어 성과를 만들어내는 곳이다.
한 사람이라도 자기 멋대로 행동을 하면 회사 전체에 영향을 주게
된다. A씨에게 업무상 볼일이 있었는데, 사람이 없어 바로 일처리
를 못했다는 것은 그만큼 회사 일이 지연됐다는 것이다. A씨가 자
리를 비운 사이 거래처에서 A씨를 찾는 전화가 왔다면 상황 설명

을 못하는 A씨의 동료뿐 아니라 거래처 직원도 당황스러운 일이다. 심지어 용무가 해결될 때까지 거래처 직원은 계속 확인 전화를 해야 하는 상황도 발생한다.

외출할 경우 동료 직원에게 "지금 ○○사에 다녀오겠습니다. 4시에는 돌아올 예정입니다. 혹 무슨 일이 있으면 전화로 연락해 주십시오" 하고 알리는 것이 매너이다.

화장실에 갈 때 전 직원에게 "화장실 다녀오겠습니다"라고 큰소리로 말할 필요는 없다. 하지만 반드시 누군가에게는 어디에 갔는지를 알려줘야 한다.

또한 회사로 돌아왔을 때 아무 말도 하지 않는 것도 매너 위반이다. 외출한 직원이 돌아온 것을 모르고 걸려온 전화를 바꿔주지 않는다거나 아무도 돌아온 것을 모르고 있다는 것은 업무가 진행되는데 혼선을 빚는 요인이 된다. 따라서 정확하게 "지금 막 돌아왔습니다." 정도의 인사는 하도록 하자.

Check Point   외출 시 보고는 기본!

외출을 할 때는 반드시 행선지를 책임자에게 또는 동료에게 말한다.
외출 기록부가 있을 때는 자세히 연락처를 기록한다.

"내일은 거래처에서 퇴근하겠습니다"

금기지수 ★★

건망지수 ★★

반나절 이상을 밖에서 일하는 영업 직원은 외부에서 퇴근 시간이
되는 경우가 많다. 그럴 때 당신은 어떻게 할 것인가?

① 회사로 돌아간다.
② 퇴근 시간이니 집으로 간다.

정답은 '회사로 돌아간다' 이다. 출장을 제외하고는 회사로 돌아
와 업무 보고와 교통비 정산 등을 그날로 정리하는 것이 원칙이
다. 영업부원이라면 발주나 주문 상황, 밖에 있는 동안 문제는 없
었는지를 상사나 동료에게 확인하도록 한다. 혹 문제가 발생했다
면 그날 바로 해결하는 것이 좋다. 게다가 문제가 다른 사람과 관
련된 일이라면 더욱더 빨리 해결해야 한다. '이 정도는 다음 날 처

리하지' 하는 생각은 일을 더 크게 만들 수도 있다.

또 회사에 남아 있는 사원은 '외근을 한 직원은 회사로 들어오는 것'이라고 생각하고 있기 때문에 연락도 없이 직원이 돌아오지 않으면 불필요한 걱정을 끼치게 된다.

현지에서 바로 퇴근할 때는 그 전날 "죄송하지만, 내일 ○○ 때문에 거래처에서 직접 퇴근하겠습니다" 하고 미리 허락을 받는다. 이때 전후 상황의 설명 없이 "내일 거래처에서 바로 퇴근하겠습니다" 하고 단정적으로 말하는 것은 금물이다. 즉, 예외의 상황을 당연시하는 태도는 피해야 한다.

기본적으로 해서는 안 될 일을 할 때에는 "해도 좋겠는가?"라는 식으로 물어보도록 하자. 바로 거래처로 출근할 때에도 반드시 그 전날에는 보고를 해야 한다. 아침 회의를 하는 회사의 경우 당일 날 '급해서 거래처로 바로 갑니다' 하고 말하는 것은 주위 사람들에게도 피해를 주므로 주의한다.

회사에 따라 현지 출·퇴근이 허락되는 경우도 있다. 하지만 계속 밖에서 바로 출·퇴근을 되풀이하면 '정말로 제대로 정시에 출근해 퇴근 때까지 일을 하는 것일까' 하고 의심받을 수 있다. 특별한 경우가 아니라면 회사에 출근한 후 외부에 업무를 보러 나가고, 회사로 돌아와 보고를 끝낸 후 귀가하도록 한다.

- 거래처에서 바로 퇴근할 때는 반드시 전화로 업무 결과를 보고한다.
- 두 사람 이상이 외근했을 때는 그중 상급 또는
  선임자가 대표로 보고한다.

회의, 협상 시 기분대로 행동할 수 없다

금기지수 ★★★

건망지수 ★★

영업이나 상담 중에 이야기가 잘 진행되지 않으면 초조해지고 기분이 상하게 마련이다. '이쪽에선 모처럼 타협안을 준비했는데 왜 OK하지 않나' 하는 생각이 들어 심기가 불편할 때가 있다.

이런 경우 불편한 기색을 얼굴에 드러내거나 "그러면 됐습니다", "왜 안 된다는 말입니까?" 등 상담을 중단하거나 화를 내서는 안 된다. 지위의 고하를 떠나 손님을 만나러 갔다는 것은 회사 전체를 대표하는 것이며, 회사의 얼굴이 되기 때문이다.

앞의 예와 같이 이야기가 원활하게 진행되지 않는다고 화를 내버린다면, 앞으로 이 상대와는 일을 잘 해나갈 수 없고, 회사에 큰 손실을 가져올 수 있다.

회사에서 월급을 받고 있는 이상, 본인의 기분대로 일을 처리하는 행동은 주의해야 한다. 즉, 업무와 개인생활을 구분할 수 있어야 한다.

위의 상황과는 다른 경우이지만 애인과의 이별 등 사적인 감정을 일터까지 가져오는 것은 말도 안 된다. 그로 인해 일을 제대로 처리할 수 없었다고 변명한다면 누구도 인정해 주지 않을 것이다.

회사는 여러 사람들이 모여 일을 성사시키는 곳이다. 한 개인의 기분에 따라 연대감이 깨지고 일에 차질이 빚어질 수 있으니 스스로 조심하자.

● 자신의 기분대로 일을 처리하는 사람은 프로가 아니다.

옷차림

상대의 기분을
좋게 해 주는 매너

지저분한 옷차림, 성격도 의심 받는다

금기지수 ★★★

건망지수 ★★★

퇴근 후 집으로 돌아온 A씨, 방에 들어가자마자 양복 상의를 벗어서 던져놓는다. 그리고 다음 날, 그 옷을 그대로 입고 출근한다.

혹시 A씨와 같은 일상을 반복하고 있지는 않은가? 그렇다면 사회인으로서 실격이니 다시 한 번 자신을 점검해 보길 바란다.

비즈니스 세계에서는 사람을 만나는 기회가 아주 많다. 그럼에도 불구하고 전날 입었던 지저분한 셔츠를 입고 있는 사람은 자신의 성격과 의욕은 물론, 회사의 사원 교육마저 의심 받게 한다.

퇴근 후 집에 돌아오면 양복은 반듯하게 옷걸이에 걸어서 형태가 구겨지지 않도록 잘 수납한다. 셔츠는 세탁을 한 후 다림질해 두도록 한다. 이런 일은 한번 습관을 붙이면 그다지 번거로운 일이 아니다. 귀찮더라도 그때까지만 좀 더 신경 쓰도록 하자.

옷차림은 당신을 대변해 준다. 지저분한 옷차림으로 당신의 성격은 물론 능력을 평가받을 수도 있으니 항상 단정한 옷차림에 신경 쓰는 자세가 필요하다.

Check Point **단정한 옷차림은 기본!**

지저분한 옷차림은 본인의 성격과 의욕, 회사의 사원 교육마저 의심 받게 한다.

제발 화장은 집에서 하자

금기지수 ★★★

건망지수 ★★

출근길, 전철을 이용하다 보면 얼굴에 파운데이션을 바르고 마스카라로 둥글게 속눈썹을 올리고 있는 여성들을 자주 보게 된다.

전철에서 화장하는 것을 '괜찮다, 안 된다'로 규정지을 문제는 아니다.

하지만 '다른 사람에게 피해를 주는 것도 아니니 괜찮지 않은가?' 하고 생각하는 것은 잘못된 생각이다.

전철 같은 공공장소에서 화장을 하는 것은 분명 다른 사람에게 피해를 주는 행동이다. 옆에 앉아 있는 사람이 화장품 냄새에 취약한 사람이라면 그녀가 화장을 하고 있는 동안은 고문을 받는 느낌일 것이다.

또한 마스카라나 아이섀도를 하고 있을 때, 전철이 심하게 흔들려서 옆사람의 옷에 화장품을 묻히는 일이라도 생기면 큰일이다.

이는 사과하는 것으로 끝날 일이 아니다.

그럼에도 불구하고 남 생각은 하지도 않은 채 자기의 얼굴을 꾸미는 데만 집중하는 것은 상식 이하의 행동이다. 사회인이라면 자신의 행동으로 인해 일어날 수 있는 여러 가지 일들을 고려하고 행동할 수 있어야 한다.

제발 화장은 집에서 하자. '화장 안 한 맨 얼굴은 절대 보일 수 없다!' 라고 말하는데, 집에서 전철을 탈 때까지 맨 얼굴이었다는 것을 생각하면 마음을 고쳐먹어야 한다.

Check Point | **공공장소에서 화장은 금물!**

공공장소에서 화장을 하는 것은 매너가 아니다.

'업무 중' 옷차림, '업무 후' 옷차림

금기지수 ★★

건망지수 ★★★

퇴근 후 데이트가 있는 A씨. 여느 때보다 화려한 옷차림으로 출근했다. 회사에서 입는 유니폼이 있는 것도 아니기 때문에 그 옷차림 그대로 일을 한다.

이 모습을 본 상사.

"자네는 회사에 놀러 온 건가?"

모든 회사원이 회사의 얼굴이다. 그런데 어디 놀러가는 것 같은 옷차림으로 고객이나 거래처 사람을 상대하면 회사의 이미지는 어떻게 되겠는가.

유니폼이 있는 회사의 경우에는 상관없지만, 그렇지 않은 경우에는 퇴근 후 갈아입을 옷을 따로 준비해 '업무 중'과 '퇴근 후'를 분명히 구분하는 것이 사회인으로서의 매너이다.

- 옷차림 하나도 '업무 중'일 때와 '퇴근 후'를
  분명히 구분하는 것이 매너이다.

54

너무 더우니까 상대방도 봐주겠지?

금기지수 ★★★
건망지수 ★★★

무더운 여름날 외부에서 일하는 것은 힘든 일이다. 사무실은 냉난방 시설이 잘 갖춰져 있으니 상관없다. 하지만 여러 거래처들을 방문하는 영업사원의 경우 거래처로 이동하는 동안은 찜통 더위와의 전쟁이다. 그래서인지 상의를 벗어 옆구리에 끼고 이동하는 비즈니스맨을 자주 보게 된다.

하지만 이런 행동은 있을 수 없는 일이다. 만약 너무 더워 어쩔 수 없는 경우라면 적어도 방문하는 곳에 도착해서는 상의를 갖춰 입도록 하자. '너무 더우니까 상대방도 그냥 봐주겠지' 하고 적당히 넘기는 행동은 금물이다.

비즈니스 세계에서는 양복에 넥타이가 '정장'이다. 상의를 벗은 정도라면 그나마 낫다. 하지만 상의를 팔에 둘둘 감아올린 채 넥타이를 느슨하게 풀어헤친 모습으로 상대를 대하는 것은 큰 실례이다. 특히 여름날 땀에 젖은 셔츠 차림은 상대방에게 안 좋은 인상을 주기에 충분하다.

반드시 방문하는 곳에 도착하면 깔끔하게 땀을 닦고 양복의 주름을 편 후, 넥타이를 고쳐 매도록 하자.

Check Point   회사원 옷차림 매너!

남성의 단정한 옷차림

머리형

짧고 청결감을 주는 머리형. 머리색은 회사의 규정에 따른다. 회사에서 규제하지 않는 경우에도 자연스러운 갈색 정도가 무난하다. 모발용품은 냄새가 너무 심하지 않는 것으로 사용한다.

얼굴, 손

수염은 깨끗하게 면도하고 입 냄새에도 신경을 쓰자. 손톱은 길지 않을 정도로 자르고 반지나 피어스 등은 뺀다.

소지품

가방은 비즈니스용을 준비하자. 외부에서도 몸가짐을 체크할 수 있는 빗이나 거울을 준비하면 좋다.

양복

색깔은 검정색이나 회색 등 너무 화려하지 않는 것으로 선택한다. 주름이 잡혔는지, 단추가 떨어졌는지, 소매의 실밥이 풀렸는지를 미리 체크하고 넥타이도 잘 매도록 한다.

발

구두는 가죽제품으로 선택하되 구두굽과 청결 상태를 항상 체크한다. 양말은 흰색이 아닌 것으로 발목이 보이지 않는 길이로 고른다.

여성의 단정한 옷차림

머리형

머리가 긴 경우, 업무에 방해가 되지 않게 묶도록 한다. 머리색은 회사의 규정에 따르며 업무 중에 수시로 머리를 손질하는 것은 피한다.

얼굴, 손

화장은 너무 진하지 않게 한다. 손톱도 너무 길지 않게 하고, 짙은 색깔의 매니큐어는 피한다. 액세서리는 일에 방해가 되지 않는 정도가 좋다.

소지품

손수건이나 빗은 필수다. 방취 스프레이나 간단한 반짇고리 세트, 밴드, 반창고 등을 가지고 있으면 좋다.

복장

너무 화려하거나 노출이 심한 옷은 피한다. 여름에는 냉방에 대비해 윗옷을 하나쯤 준비해 두는 것이 좋다.

발

스타킹의 올이 나갔는지 체크한다. 예비품이 있으면 좋을 것이다. 신발은 구두를 신는 것이 좋다.

땀 냄새보다 심한 향수 냄새

금기지수 ★ ★ ★

건망지수 ★ ★ ★

회사 문을 열고 들어서는 순간 코를 찌르는 달짝지근한 냄새. 여자 직원이 뿌린 향수 냄새였다. 그 여자 직원이 움직일 때마다 동료들은 숨쉬기가 괴로울 정도다. 이런 일은 회사에서 뿐만 아니라 전철 안이나 길을 걷는 중에도 종종 겪게 된다. 병째로 반쯤 들이부었나 할 정도로 향수 냄새가 심한 사람이 꽤 있다.

옷이나 액세서리와 다르게 향수는 눈으로 봤을 때는 전혀 표시가 나지 않기 때문에 업무 시간에도 사용하는 사람이 많다.

그러나 눈에 보이지 않기 때문에 더욱더 주의가 필요하다. 향수를 뿌리는 것도 업무에 방해가 되지 않을 정도로 하는 것이 매너이다.

또한 땀 냄새를 향수 냄새로 감추려고 하는 사람이 있는데 이것은 좋지 않다. 땀 냄새는 안 나는데 오히려 향수 냄새가 더 지독하다면 아무런 의미가 없다.

　향수는 냄새를 없애고자 하는 목적에서 만들어졌지만 지금은 향을 즐기기 위해서라는 것을 기억하자.

　여성은 청초한 느낌이 나는 것으로, 남성은 상쾌한 향으로 아주 조금만 사용하는 것이 좋다.

- 너무 진한 향수 냄새는 주위 사람들에게 불쾌감을 준다.

- 여성은 청결한 느낌이 나는 향,
  남성은 상쾌한 향으로 조금만 사용하자.

점심 메뉴 선택은 자유, 냄새는?

금기지수 ★★

건망지수 ★★★

거래처에서 회의를 하게 된 A씨. 회의 중 거래처 담당자가 얼굴을 찌푸리는 일이 몇 번인가 있었다. 이야기는 잘 진행되고 있는데 몸이 안 좋은 것인가? 특별한 일 없이 '대체로 잘 됐다'고 생각하고는 저녁에 회사에 돌아왔다. 그런데 옆에 앉은 여자 사원이 한마디한다.

"입에서 냄새가 나지 않아요?"

하지만 A씨 그런 말을 들어도 여자 사원이 무엇을 말하는지 알수가 없다. 다시 여자 사원의 한마디.

"낮에 뭘 먹었어요?"

"글쎄, 아! 마늘짱아치 먹었는데."

"역시나! 마늘 냄새가 엄청 심하게 나는데."

그제야 상황 파악을 한 A씨. 회의 중에 담당자가 얼굴을 찌푸린 이유를 알 수 있었다.

점심 메뉴 선택은 본인의 자유이다. 그런 일까지 어떻게 행동하라고 규정되어 있는 회사는 없을 것이다.

그러나 오후 일정을 고려하지 않고 자기가 먹고 싶은 것을 가리지 않고 먹는 것은 생각이 좀 부족한 사람이다.

오후에 미팅이 있다면 불고기나 마늘 같은 음식은 피하는 것이 매너이다. 깜박하고 먹었다 하더라도 출발 전에 양치질을 하거나 입 냄새 제거 스프레이를 이용하는 등의 세밀한 마음 씀씀이가 필요하다.

또한 치석, 치주염 등 치과 질환이 있는 경우 구취의 원인이 되니 정기적으로 검진을 받도록 한다.

담배

● 의복이나 가방 등에 스민 담배 냄새는 비흡연자에게는 불쾌감을 준다.

땀

● 혼잡한 전철에 타는 경우 땀을 흘리기 쉽다.
  휴대용 방취 스프레이를 가지고 다니도록 하자.

'염색 머리, 장발, 스킨헤드' 접근 불가

금기지수 ★★★

건망지수 ★★

입사할 때는 지극히 평범한 머리를 하고 있던 A씨. 갑자기 스킨헤드로 사무실에 나타났다.

"… 도, 도대체 어떻게 된 거야? 그 머리."

"아? 예! 요즘 유행이잖아요. 멋있잖아요."

"그렇게 하고 거래처에 가려고?"

"예, 안 되나요?"

좀 과장된 얘기지만 염색 머리나 눈에 띄는 헤어스타일을 좋아할 회사는 없다.

또 튀는 헤어스타일은 처음 보는 상대에게는 나쁜 인상을 줄 수도 있다. 여러 번 만나다 보면 '아! 이 사람은 처음 봤을 때는 형편없이 보였는데, 마음은 따뜻한 사람이구나!' 하고 이해해 줄 수도 있다. 하지만 업무와 관련된 사람들 전부를 이해시킬 만큼 여러 번 만난다는 것은 불가능한 일이다.

　서비스 업종에 종사하는 사람들은 고객과 주고받는 상호 작용이 주요 업무이다. 고객들 중에는 '갈색으로 염색한 머리, 스킨헤드라도 상관없다'는 사람도 있을 것이다. 하지만 불특정 다수의 사람에게 불쾌감을 주지 않는 자세를 보이는 것이 매너이다.

　머리색이나 옷차림과 관련된 규정이 있는 회사에 근무한다면 회사 규정에 따르면 문제가 없을 것이다. 하지만 규정상 금지되어 있지는 않더라도 동료 직원들이 모두 검은 머리를 하고 있다면 '이 회사에서는 머리를 염색한다는 결코 생각할 수 없는 일'로 생각하는 판단력도 필요하다.

Check Point　　**너무 튀는 헤어스타일은 금물!**

너무 튀는 염색 머리, 장발, 스킨헤드는 불쾌감을 줄 수 있으니 피하도록 하자.

노메이컵, 여성들의 착각

금기지수 ★ ★ ★

건망지수 ★ ★

화장기가 전혀 없고, 머리도 그 자리에서 한 번 쓰다듬은 것이 전부인 것 같은 사람이 있다. 이런 사람은 보는 사람으로 하여금 '보기 싫다', '옷매무새가 정리되어 있지 않다' 는 인상을 주기 쉽다.

화장은 사람을 화사하게 만들 뿐만 아니라 혈색이나 눈 밑의 검은 기미를 커버해 표정을 생기 있게 만드는 효과가 있다.

파운데이션을 바르고, 눈썹을 정리하고, 립스틱을 바르는 것은 기본적으로 해야 할 일이다. 화장이 지워졌을 때를 대비해 최소한의 화장도구는 가지고 다니자.

또한 사회인이라면 매일 아침 자신의 얼굴 표정을 체크해 자연스럽고 좋은 인상이 되도록 노력하는 자세가 필요하다.

- 화장은 사람을 화사하고 생기 있게 해준다.
- 화장이 지워졌을 때를 대비해 최소한의 화장도구는 가지고 다닌다.

식사

유쾌한 자리를
만드는 매너

테이블 위의 소지품이 식사를 방해한다

금기지수 ★★

건망지수 ★★★

핸드백이나 휴대 전화, 담배를 테이블 위에 놓는 사람들이 있다. 이것은 매너 없는 행동이다. 테이블은 어디까지나 식사를 하는 공간이다. 쓸데없는 것이 있으면 식사를 하거나 점원이 서비스를 할 때도 방해가 되기 때문에 개인 물건은 두지 않는 것이 매너이다.

수납하는 곳이 있으면 코트나 큰 물건은 보관하고, 없는 경우에도 발밑에 놓아둔다. 그때, 옆에 앉은 사람에게 방해가 안 되도록 신경 쓴다. 여성의 핸드백 정도는 의자 등받이와 등 사이에 두고, 휴대 전화 같은 경우 남성이라면 셔츠의 주머니에 넣어 둔다.

Check Point   테이블 매너!

테이블 위에 소지품이나 핸드백 등을 두지 않도록 한다.

불쾌감을 주는 젓가락 사용법

금기지수 ★★

건망지수 ★★★

매일 사용하는 젓가락. 그러나 젓가락 사용 하나에도 지켜야 할 매너가 있다는 것을 아는 사람은 얼마나 될까. 개중에는 이런 매너를 몰라 본의 아니게 실례를 범하는 경우가 종종 있다.

그중 하나가 젓가락의 아래 위를 거꾸로 사용하는 것이다. 요리를 덜어갈 때 입을 댄 젓가락을 사용하는 것은 실례라는 생각에 젓가락의 윗부분을 사용하는 경우이다. 이것은 잘못된 매너로 해서는 안 되는 행동이다.

젓가락은 손으로 쥐는 부분과 입을 대는 부분으로 나뉘어져 있다. 젓가락의 윗부분은 본래 요리를 집는 용도가 아니다.

윗부분은 맨손으로 잡는데다 테이블 위에 직접 놓는 것이라고 생각하면 아래쪽과 비교해 어느 쪽이 깨끗한지 한눈에 알 수 있을 것이다.

입을 댄 젓가락으로 요리를 나누는 것이 영 마음에 걸리면 점원에게 미리 덜어먹는 젓가락을 부탁하면 된다.

젓가락 사용에도 매너가 있다!

젓가락을 혀로 핥지 않는다.

젓가락에서 젓가락으로 먹을 것을 옮기지 않는다.

젓가락으로 그릇을 끌어오지 않는다.

젓가락으로 먹을 것을 찌르지 않는다.

젓가락을 그릇 위에 걸쳐 놓지 않는다.

젓가락으로 그릇 위를 왔다 갔다 하지 않는다.

젓가락에서 음식의 국물 등을 뚝뚝 떨어뜨리지 않는다.

비흡연자를 위한 흡연 매너

금기지수 ★★

건망지수 ★★★

레스토랑 등에서 식사를 할 때 담배를 피우는 사람이 많다. 혹시 당신도 다른 사람과 함께 식사를 할 때 담배를 피우지는 않는가?

담배를 피울 때는 한마디쯤 양해를 구하고 피우는 것이 매너이다. 일행의 양해도 구하지 않고 뻐끔뻐끔 피우면 주위 사람들의 빈축을 살 수 있다.

최근에는 금연을 하는 곳도 많고, 애연가가 느긋하게 담배를 즐길 수 있는 곳도 적어졌다. '식사할 때만이라도…' 라는 생각을 할지 모르지만 되도록 꾹 참아 주었으면 한다.

특히, 윗사람과 함께 있을 때는 더 조심해야 한다. 자기 맘대로 '상사도 담배를 피우는 사람이니까 나중에 피우겠지' 라고 생각하고 아무런 양해 없이 담배를 피우는 것은 금물이다. 정작 상사는 그런 행동이 매너가 없다고 생각하고 있을지도 모른다.

담배를 피우고 싶다면 코스 요리 같은 경우 식사 후 커피 타임이나 같은 테이블의 사람들이 식사를 마치고 난 후에 "죄송합니다만, 담배 피워도 되겠습니까?" 하고 양해를 구한 후 피우도록 하자.

Check Point 식사 중 흡연은 금물!

식사 중 담배를 피우고 싶다면 반드시 주의 사람들의 양해를 구하고 피운다.
코스 요리의 경우에는 식사 후 커피 타임에 피우거나
다른 사람들이 식사를 마치고 난 후 피우는 것이 좋다.

술자리에서는 다시 학생의 기분으로?

금기지수 ★★★

건망지수 ★★★

사회 초년생 A씨. 학교를 졸업한 지 얼마 되지 않아서인지 아직도 학생 기분이 들 때가 많다. 특히 사적인 술자리에서 더욱 그렇다. "그 회사는 어때?", "일은 좀 익숙해졌어?" 등의 이야기를 나누다 보면 시간 가는 줄 모르고 술을 마시게 된다. 다음 날, 당연히 전날 밤 숙취 때문에 머리는 터질듯이 아프고 일어날 수조차 없다. 어쩔 수 없이 회사로 전화를 거는 A씨.

"죄송합니다. 몸이 너무 좋지 않아서 늦겠습니다."

이런 일이 있다면 사회인으로서 실격이다. 회사에 출근했을 때 다른 사원들이 "술 냄새가 아직까지 나요!"라고 하면 모든 것이 다 들통나게 된다.

숙취는 갑자기 생기는 병이 아니다. 평소 자기관리로 방지할 수 있는 일이기 때문에 결석이나 지각의 이유로 통용될 수 없다.

누구라도 일에 쫓기다 보면 '한숨 돌리고 술이라도 마시고 싶다', '친구랑 편하게 이야기라도 하고 싶다' 하는 생각이 들 것이다.

하지만 다음 날이 되면 다시 사회인의 얼굴로 돌아가야 한다. 이런 스위치의 ON, OFF가 확실해야 진정한 사회인이 되는 것이다.

다음 날이 휴일일 때 술자리에 참석하고, 그 외에는 술을 양을 조절한다든가 하는 확실한 자기관리가 필요하다.

Check Point | **과음은 금물!**

숙취 해소에는 카탈리아제 성분을 포함한 감, 차, 초콜릿이 좋다.
해장술은 또 다른 숙취의 원인이 된다.

창피당할 식사 중 대화

금기지수 ★★★

건망지수 ★★★

식사를 하거나 술자리에서 입에 먹을 것을 넣은 채 이야기를 하는 것은 금물이다. 아무리 이야기가 무르익었다 할지라도 쩝쩝거리며 말하는 소리는 듣기에도 불쾌하고 보기에도 지저분하다. 이런 행동이 너무 심하게 반복되면 '아, 이 사람은 다른 사람에 대한 배려가 없네' 하는 눈총을 받을지도 모른다. 특히 여성 같은 경우엔 성격이나 품위를 의심받을 수도 있으니 각별히 주의해야 한다.

물론 식사 중에 말을 하지 말라는 것은 아니다. 조용히 말하고, 먹을 때와 말할 때를 확실히 구분하는 것이 좋다. 이야기를 할 때에도 침이 튀지 않도록 하고 여성이라면 입가에 손을 가리고 이야기하는 것이 좋다.

- 식사 중 음식을 넣은 채 이야기하는 것은 매너가 아니다.

- 식사 중에는 먹을 때와 말할 때를 확실히 구분하자.

실수하기 쉽다! 나이프와 포크 사용의 금기

금기지수 ★★

건망지수 ★★★

레스토랑에서 식사를 하다가 그만 포크나 나이프를 바닥에 떨어뜨렸다. 그때 본인이 직접 줍는 것은 매너 위반이다.

하지만 이미 본인이 주운 경우, 포크와 나이프는 어디에 두면 좋을까. 이때 테이블의 위에 놓아두면 안 된다. 다시 사용하지는 않더라도 보기에도, 위생적으로도 좋지 않기 때문이다.

이런 때에는 당황하지 말고 웨이터에게 부탁해 새것으로 교환하도록 하자. 웨이터를 부를 때는 선술집에서처럼 "여기요!" 하고 큰 소리로 부르지 않도록 주의해야 한다. 이런 행동은 다른 손님에게도 폐가 되고 무엇보다 가게의 분위기를 망칠 수 있다. 가볍게 손을 들어 신호를 보내면 된다.

또 업무상 손님을 접대할 일이 많은 경우에는 미리 레스토랑과 메뉴를 익혀 두는 것도 도움이 된다. 그러면 손님이 메뉴를 선택

할 때 도움이 되는 제안을 할 수도 있다. 혹 손님이 메뉴 선택에 있어 망설일 때 이런 행동은 상대에게 호감을 주는 요인이 된다.

Check Point　레스토랑에서의 기본 매너!

코스 요리의 경우 포크와 나이프는 바깥쪽의 것부터 사용한다.

식사 중에 접시를 치우지 않도록 하려면 포크와 나이프를 팔자로 두면 된다.

식사가 끝났을 때는 나이프와 포크를 가지런히 놓는다.

점원에게 "치워주십시오"라는 말은 하지 않는 것이 좋다.

'격의 없는 술자리' 의 의미

금기지수 ★★★

건망지수 ★★★

대형 프로젝트를 하나 성공했을 때, 승진했을 때, 그 외 예상치 못한 좋은 일이 있을 때 기분이 좋아진 상사가 "어이! 오늘은 예의 차리지 말고 즐기는 거야. 어서 어서 마셔!"라고 말하는 경우가 있다.

그러나 아무리 예의를 차리지 말라고 했더라도 기본적인 예의까지 무시하면 안 된다.

격의 없이 대하라고 했다고 술에 취한 부하 직원이 상사에게 평소의 불만이나 푸념을 털어놓거나 만취해 쓰러져 상사가 뒤처리까지 하게 하면 다음 날로 그 직원은 상사로부터의 긴 설교를 각오해야 한다.

격의 없는 술자리라는 것은 상하 관계라는 딱딱한 서열을 떼고 자유롭게 이야기하자는 의미이지 결코 '무엇이든 해도 좋다' 는 말이 아니다.

직장인들끼리의 술자리는 업무의 연장이다. 상사가 '격의 없이 자유롭게'라고 말해도 부하 직원은 늘 자신이 아랫사람이라는 것을 의식하고 있어야 한다.

그러나 '분위기에 휩쓸려 지나치지 않도록 해야 한다'는 말만 염두에 두고 권하는 술도 거절하고 딱딱하게 행동하면 모처럼 상사가 만든 격의 없는 자리가 무의미해지고 만다. 이런 술자리에서는 적당한 정도의 긴장감을 갖고 참석하도록 하자.

Check Point   술자리는 업무의 연장!

격의 없이 대하는 술자리라도 최소한의 예의는 지키도록 한다.

뷔페, 다 같이 우아하게 즐길 수 있다

금기지수 ★★

건망지수 ★★

요즘 호텔은 물론, 레스토랑이나 카페 등에서도 뷔페식 식사를 할 수 있는 곳이 많다.

그러나 뷔페식 식사를 할 때에 지켜야 할 매너를 아는 사람은 얼마나 될지? 뷔페를 먹을 때도 지켜야 할 매너가 있다.

그중 하나가 '접시에 산더미처럼 음식을 담지 않는다' 이다. '몇 번을 왔다 갔다 하기가 귀찮아서', '어차피 다 먹을 거니까', '빨리 가져다 놓지 않으면 음식이 없어질 것 같으니까' 등 이유는 제각각 있을 것이다.

그러나 산더미처럼 음식을 담으면 다 먹지 못할 수도 있고, 테이블로 돌아오다가 떨어뜨릴 수도 있다. 게다가 자신이 좋아하는 음식만을 한가득 쌓아서 주위 사람들의 곱지 않은 시선도 받을 수 있다.

뷔페의 장점은 여러 가지 맛을 즐길 수 있다는 것이다. 뷔페를 즐기기 위해서라도 조금씩 덜어서 먹도록 하자.

또한 한 개의 접시로 여러 번이고 요리를 가져다 먹는 것도 매너에 어긋난다. 같은 요리를 계속 먹는다면 몰라도 종류가 다른 요리들을 한 개의 접시에 몇 번이고 담아 먹으면 음식의 맛이 서로 섞이기 때문이다. 접시는 요리 테이블에 항상 충분히 준비되어 있으므로 요리를 가지러 갈 때마다 한 개씩 사용하도록 하자.

Check Point　뷔페에서의 기본 매너!

뷔페식 식사를 할 때는 요리 테이블 앞에 오래 서 있지 않는다.
요리 테이블에 사용했던 접시를 놓아두지 않는다.

스탠딩 파티, '앉아서 식사해야지?

금기지수 ★★

건망지수 ★★

'○○사 설립 30주년 파티' 등 사람이 많은 장소에서는 스탠딩 파티를 하는 경우가 종종 있다. 스탠딩 파티는 기본적으로는 뷔페와 비슷하다. 하지만 앉아서 식사를 하는 테이블이 없고, 약간의 의자만 준비되어 있는 것이 다르다.

그런데 스탠딩 파티에서 결사적으로 의자를 확보하려는 사람들이 있다. 계속 서 있으려니 힘도 들겠지만 마치 의자 차지하기 게임이라도 하듯이 음식도 제대로 먹지 못하고 쏜살같이 달려가는 사람은 옐로카드감. 게다가 의자에 계속 앉아 있는 것은 레드카드감이다.

말할 것도 없이 긴 시간 서 있는 것은 피곤한 일이고, 개중에는 '식사는 앉아서 해야지' 하는 사람도 있을 것이다. 하지만 이 파티가 왜 스탠딩 파티인지를 한번 생각해 보자.

스탠딩 파티는 파티장 내를 돌아다니면서 많은 사람들과 교류하는 것이 주 목적이다. 그 때문에 의자나 테이블을 준비하지 않고 파티장 내를 넓게 해 돌아다닐 수 있도록 한 것이다.

몇 개 준비한 의자는 윗사람이나 나이 드신 분들, 피곤한 사람들이 교대로 사용하기 위한 것이다. 의자를 사용하는 것은 상관없지만 긴 시간 앉아 있는 것은 피하도록 하자.

또한 앞에서 말한 것처럼 식사를 하는 것이 주목적이 아니므로 먹는 것에만 집중하지 말고 주위 사람들과 교류를 하도록 한다.

Check Point 스탠딩 파티에서의 기본 매너!

파티 장소에 들고 가는 물건은 최소한으로 줄인다.
의자에 오래 앉아 있는 것은 매너에 어긋난다.

상사는 부하 직원의 봉이다?

금기지수 ★★★

건망지수 ★★

상사나 선배 중에는 평소 엄하게 대할 수밖에 없는 예쁜 후배나 부하 직원에게 밥이라도 한 번 사줘야지 하는 사람이 많다. 이런 행동 뒤에는 후배나 부하에게 좋은 인상을 주고 싶다는 마음도 있을 것이다. 이런 때 후배나 부하 직원 중에는 '얻어먹는 것이 당연한 일'이라고 생각하는 경우가 종종 있다. 또한 일부 여성들은 '남자가 내는 것이 당연한 일'이라고 생각한다.

상사나 선배가 부하 직원의 봉은 아니다. 그들이 계산을 하더라도 자신도 내려고 하는 자세를 조금은 취하도록 하자. 단 너무 심하게 "내가 낼 테니까", "아니, 제가…"처럼 고집을 부리며 실랑이를 하는 것은 좋지 않다. 한 번 내겠다는 자세를 보인 후에도 상사나 선배가 내겠다고 하면 감사히 호의를 받아들인다.

또한 상사가 계산을 마치고 나면 정중하게 "잘 먹었습니다"라는 인사를 잊지 않고 한다. 이것은 직장에서 뿐만 아니라 개인적인 장소에서도 당연한 매너이다.

예를 들어 가판에서 서서 먹는 국수 한 그릇이라도 대접 받으면 정중히 인사를 하자.

상사나 선배에게 식사 대접을 받았을 때, '이게 웬 떡이야!' 하고 그대로 돌아가는 것은 회사원으로서 자격이 없는 것이다.

- 상사나 선배가 계산을 하더라도
  한번쯤은 자신이 내겠다는 자세를 취하는 것이 좋다.

- 상사나 선배에게 식사 대접을 받았을 때는
  반드시 정중히 감사의 표시를 한다.

물수건은 때수건이 아니다

금기지수 ★★

건망지수 ★★★

식당에 가서 자리에 앉았는데 물수건이 나왔다. 이때 제공된 물수건으로 손과 얼굴을 닦더니 마지막에는 목까지 닦는 사람들이 있다. 이것은 매너가 아니다.

물수건은 음식을 먹기 전 손을 깨끗이 닦으라고 나오는 것이다. 얼굴이나 목의 더러운 것까지 닦아서는 안 된다. 게다가 얼굴이나 목덜미까지 닦은 물수건이 테이블 위에 놓여 있으면 동석한 사람들에게 불쾌감을 줄 수도 있다.

또한 주위 사람들로부터 '저 테이블에 있는 사람들은 매너가 엉망이다' 라는 눈치를 받게 되고, 동석한 사람들마저 매너 없는 사람으로 취급당한다. 동료들을 위해서라도 이런 행동은 삼가도록 하자.

- 식당에서 제공하는 물수건은 식사 전 손을 닦으라는 용도이다.

- 제공된 물수건으로 얼굴이나 목 등을 닦는 것은
  주위 사람들에게 불쾌감을 주니 삼가도록 한다.

경조사

진심을 전하는 매너

신랑 신부보다 화려한 결혼식 옷차림

금기지수 ★★

건망지수 ★★★

동료 여자 직원의 결혼식에 참석하게 된 A씨. A씨는 이날을 위해 새로 산 하얀색 원피스를 입고 결혼식에 참석했다. 그런데 같은 테이블의 선배가 자리에 앉자마자 "결혼식에 하얀색 옷을 입고 오면 안 되지"라고 하는 것이다. 다른 몇 사람들도 선배와 똑같은 소리를 한다.

결혼식은 여성에게는 일생일대의 이벤트이다. 당연히 결혼식의 주인공은 신랑과 신부이다. 결혼식에는 기본적으로 두 사람을 돋보이게 하려는 마음가짐으로 참석해야 한다.

결혼식에 참석하는 남성의 옷차림은 검은 양복에 흰색 넥타이가 기본이다. 티셔츠나 청바지 같은 캐주얼한 복장은 피하도록 한다.

또한 여성의 경우 흰색 옷은 피해야 한다. 흰색은 신부의 색이기 때문이다. 기본적으로 흰색을 제외하면 어떤 색이든지 상관없다. 하지만 검정색은 상복을 연상시키므로 디자인이나 소재가 상복 같지 않는 것으로 고르면 될 것이다.

색깔 외에 신경을 써야 하는 것이 디자인이다. 결혼식이 아무리 화려한 자리라고는 하지만 가슴이 많이 파인 노출이 심한 옷이나 몸매가 그대로 드러나는 디자인의 옷은 피하는 것이 좋다. 결혼식에는 은사나 친척과 같이 나이 드신 분들이 많이 참석하기 때문이다.

너무 불편하지 않으면서도 좋은 인상을 줄 수 있는 옷차림을 하도록 하자.

- 결혼식장의 주인공은 신랑과 신부이다.

- 신랑, 신부보다 너무 화려한 옷차림은 피하도록 한다.

축하는 결혼식 참석자의 역할이다

금기지수 ★★★

건망지수 ★★

결혼식의 축사를 부탁받는 상사들이 많을 것이다. 평상시에는 엄한 상사가 회사에서의 활약상을 얘기해 주는 것은 부끄럽기도 하지만 그만큼 기쁜 일도 없다.

결혼식 당일, 상사가 긴장한 얼굴로 축사를 시작했다. 그런데 그 내용을 듣는 결혼식장의 사람들 모두 당황하는 눈치다.

"… A군은 어렸을 때부터 이런저런 역경을 헤쳐 나왔습니다. 재수 끝에 일류대학에 입학을 했고… 그 대학을 졸업한 후 입사한 회사가 그해 경영부진으로 인해 업무를 축소, 대폭의 사원 감축이 있었고, 여기 A군도 어쩔 수 없이 퇴직하는 상황이 되었습니다. 퇴직을 하게 된 A군은 사원 감축의 충격과 그 후의 불안감으로 자포자기한 적도 있었다고 들었습니다. 그 후 마침 불황으로…."

신부와 신부의 가족들은 상사의 이야기에 놀란 얼굴을 하고, 당사자는 웃음기 없는 얼굴로 고개를 숙이고 만다. 이런 상사는 다른 사람을 배려하는 마음이 전혀 없다고 해도 좋다.

결혼식은 일생의 한 번의 무대. 밝은 앞날의 출발을 축하해 주는 것이 참석자들의 역할이다. 그런데 별로 생각하고 싶지 않은 어두운 이야기를 끄집어내는 것은 신랑 신부에게는 견딜 수 없는 일이다.

축사를 할 때는 재수 생활, 전직, 이혼 등 밝지 않은 이야기, 웃을 수 없는 실패담, 비밀 이야기 등은 하지 않는 것이 매너이다. 먼저 신랑 신부를 웃는 얼굴로 만들어 주겠다는 마음가짐을 갖는 것이 좋다. 미리 본인에게 한번 보여 주는 것도 좋을 것이다.

● 결혼식 참석자의 역할은 새로운 시작을 축하해 주는 것이다.

● 결혼식 축사로 재수 생활, 전직, 이혼 등
　밝지 않은 이야기는 하지 않는 것이 좋다.

장례식장은 패션쇼하는 자리가 아니다

금기지수 ★★★

건망지수 ★★

A씨와 함께 근무는 동료의 어머니가 돌아가셨다. 다음 날 회사의 전 직원이 장례식에 참석하기로 했다. 그런데 장례식에 참석한 A씨는 한 여자 직원의 옷차림을 보고 깜짝 놀랐다. 그 여자 직원은 전체적으로 검정색 옷차림이었지만, 민소매에 미니스커트 입고 맨다리에 샌들을 신고 등장한 것이다.

당황한 A씨.

"아니 저, 그런 옷을 입으면 안 되는 거잖아?"

손으로 부채질을 하면서 대답하는 여직원의 모습이 가관이다.

"안 되는 거예요?"

물론 무더운 여름철이라 참석자들이 부채를 부치거나 땀을 닦고 있긴 했다. 하지만 장례식에 참석하면서 민소매에 미니스커트를 입는 것은 피해야 할 일이다.

장례식 옷차림에 제한이 있다는 것은 그 옷차림으로 죽은 사람을 추모하는 마음을 나타낸다는 의미도 있다. 평상시처럼 자유분방한 모습이나 사람의 이목을 끄는 노출이 심한 복장으로는 죽은 사람에 대한 마음을 느끼게 할 수 없을 것이다.

장례식에 참석할 때 남성은 검은색 양복에 검은 넥타이, 여성은 검은색의 얌전한 원피스나 투피스가 적당하다.

여름철에는 반소매나 5부, 7부라도 상관없지만 민소매 옷은 금물이다. 검은 스타킹에 검은색 구두를 신는다. 맨발에 샌들을 신는 것은 좋지 않다.

액세서리는 진주는 괜찮다고 생각하지만 화려한 디자인이거나 두 줄로 되어 있는 것은 피해야 한다. 두 줄로 되어 있는 것은 '계속 된다', '연결되어 있다' 라는 의미로 '죽음의 반복'을 연상시킬 수 있다. 화장은 엷게 하고 매니큐어나 립스틱의 색깔도 화려하지 않게 한다.

사회인이 되어서는 장례식과 같이 유쾌하지 않은 자리에 참석할 기회도 늘어날 것이다. 미리 장례식용 옷이나 신발을 한 벌쯤 준비해 두는 것이 좋을 것이다.

- 남성은 검은색 양복에 검은색 넥타이,
  여성은 검은색의 얌전한 원피스나 투피스가 적당하다.

- 여름철에는 반소매나 5부, 7부라도 상관없지만 민소매 옷은 피한다.

아무 말 안 하는 것이 좋을 수 있다

금기지수 ★★

건망지수 ★★★

문상을 갔을 때, 어떤 위로의 말을 해야 할지 몰라 망설이는 경우가 많다. 실제 문상의 말은 문상객과 상주의 나이, 평소 친분 관계 등 상황에 따라 다양하다.

그러나 문상의 기본은 고인에게 재배하고, 상주에게 절한 후 아무 말도 하지 않는 것이다. 상을 당한 사람을 가장 극진히 위로해야 할 자리지만, 그 어떤 말로도 상을 당한 사람에게는 위로가 될 수 없기 때문이다. 오히려 아무 말도 안 하는 것이 더욱더 깊은 조의를 표하는 것이 된다.

굳이 말을 해야 할 상황이라면 "삼가 조의를 표합니다", "얼마나 슬프십니까?", "뭐라 드릴 말씀이 없습니다" 정도가 좋다.

문상을 받는 상주 역시 문상객에게 아무 말도 하지 않는 것이 좋다. 상주는 죄인이므로 말을 해서는 안 되는 것이다. 굳이 말을

한다면 "고맙습니다", "드릴(올릴) 말씀이 없습니다" 정도로 문상
을 와 준 사람에게 고마움을 표하면 된다.

Check Point 조의를 표하는 매너!

문상을 갔을 때는 아무 말도 안 하는 것이 더욱더 깊은 조의를 표하는 것이다.

상갓집에선 사인을 물어보고 다니지 않는다

금기지수 ★★★

건망지수 ★★

상사의 부인이 돌아가셔서 상갓집에 철야를 하러 간 사원. 의기소
침해 있는 상사를 보고 자신의 마음도 무거웠지만, 동시에 '어떻
게 돌아가셨을까?'가 궁금해졌다. 그래도 상사에게 직접 물어보
는 것은 좋지 않다는 생각이 들어 친척에게 사인을 물었다.

  하지만 죽은 사람의 사인을 물으며 돌아다니는 것은 매너가 아
니다. '관에 넣은 시체를 카메라폰으로 찍었다'라는 믿을 수 없는
이야기도 실제로 들리지만, 죽음을 흥미 위주로 취급하는 것은 큰
실례이다.

Check Point　　**사인을 물어보는 행동은 금물!**

상갓집에서 사인을 물어보고 다니는 것은 매너가 아니다.

환자의 기분을 좋게 해 주는 병문안 선물

금기지수 ★★

건망지수 ★★★

병문안을 갈 때 꽃을 사가는 경우가 많다. 책이나 CD 같은 것은 상대방의 취미를 자세히 알아야 하고, 먹는 것은 병원에서 금지하고 있을 수도 있기 때문에 병문안 갈 때 꽃만큼 적당한 것도 없다.

그러나 화분에 심어져 있는 꽃은 가져가서는 안 된다. '화분에 심어져 있는 것이 운반하기에도 편하고, 더 낫지 않아?' 하고 생각하는 사람이 있을 것이다.

하지만 화분에 심어져 있는 꽃은 '뿌리가 뻗어간다' 는 뜻에서 '병원에 뿌리를 내리고 떠날 수 없다' 는 이미지가 연상되어 재수가 없다는 말들을 한다.

동백꽃처럼 꽃이 그 모양 그대로 떨어지면서 지는 것도 삼가야 한다. 꽃이 떨어지는 모양이 꼭 목에서 떨어지는 것을 연상시키기 때문이다. 피를 연상시키는 새빨간 꽃, 국화나 백합, 장미 같은 향이 강한 꽃도 병문안에는 적합하지 않다.

알레르기 반응을 일으키기 쉬운 꽃도 조심해야 한다. 병문안을 가기 전에 상대방의 증세를 알아두면 꽃을 고르기가 한결 수월할 것이다. 젊은 사람들은 '재수가 있다 없다'에 별로 신경을 쓰지 않지만, 어른의 병문안을 갈 경우에는 주의가 필요하다. 꽃다발을 만들어 간다든지 꽃바구니를 만들어 가면 좋을 것이다.

Check Point 병문안 시 기본 매너!

화분을 들고 가는 것은 매너에 어긋난다.

상대방의 증세를 미리 알아두자.

병문안도 지켜야 할 타이밍이 있다

금기지수 ★★

건망지수 ★★★

A씨의 동료 어머니로부터 "아들이 갑자기 쓰러져서 급하게 입원했다"는 전화가 왔다. A씨와 회사 동료들은 걱정도 되고 불안해서 점심시간에 외출할 수 있는 사람들이 모여 병문안을 갔다.

저녁 때, 아침부터 외근을 해 동료가 병원에 입원한 사실을 몰랐던 사원에게 점심시간에 병문안 다녀온 이야기를 했다. 그러자 그 사원이 기가 차다는 듯이 말한다.

"갑자기 한꺼번에 몰려가면 오히려 힘들게 하는 것 아냐?"

이런 경우 병문안을 가는 것이 좋을까? 외근을 했던 사원 말처럼 좀 기다려 보는 것이 나을까?

갑자기 쓰러졌다거나 사고를 당했다는 얘기를 들으면 걱정이 돼서 빨리 달려가 보고 싶은 것이 인지상정이다. 하지만 바로 가지 말고 우선은 상황을 지켜보는 것이 예의이다.

상대방이 어떤 상황인지도 모르면서 한꺼번에 우르르 몰려가는 것은 큰 실례이다. 더군다나 면회사절일지도 모르는 것. 면회가 가능하더라도 이야기를 할 수 없는 상태인지도 모르고, 소란스러워 환자의 상태를 더욱 악화시킬 수 있다. 또한 먼저 온 가족이나 다른 환자에게도 피해를 주게 된다.

이럴 때는 우선 상대방의 연락을 기다리고 면회가 가능하다고 하면 대표를 보내서 병문안을 하도록 한다. 그때 가족에게 "저희들이 도와드릴 일은 없습니까?" 하고 물어보면 좋을 것이다. 급작스러운 사고를 당한 가족들도 동요하고 있을 것이므로 도와주는 사람이 있으면 마음이 놓일지 모른다. 실제로 별 도와줄 일이 없다 하더라도 "무슨 일이 있으면 주저하지 마시고 말씀해 주십시오"라는 말 한마디에 가족들의 마음이 아주 든든해지는 것이다.

Check Point　　**우르르 몰려가는 행동은 금물!**

상대의 연락을 기다렸다가 면회가 가능하다고 하면
대표를 보내서 병문안을 하도록 한다.

아픈 사람을 더 아프게 하는 말

금기지수 ★

건망지수 ★★★

앞에서 말한 입원한 사원은 수술을 성공적으로 마치고 제법 상태
가 좋아졌다. 그래서 A씨가 다시 병문안을 가게 되었다. 오래간만
에 그의 얼굴을 본 순간 A씨.

"아니, 너무 여위셨네요!"

입원 전에는 조금 뚱뚱한 편이라 "살 좀 빼야 하는데"가 입버릇
이었던 그가 지금은 얼굴이 갸름해져서 왠지 딴 사람처럼 보인 것
이다.

일상적인 대화에서라면 '여위었다'라는 말에 '정말?' 하면서 웃
어 넘길지도 모른다. 하지만 동료는 '여위었다'라는 말 한마디에
표정이 어두워졌다.

"… 역시 여위었지! 입원해서는 밥도 거의 먹지 못하고…."

A씨는 그제야 '실수했구나!' 하는 생각이 들었다. A씨는 자신

이 한 말에 대해 수습하느라 쩔쩔 매는 상황이 돼버렸다.

아픈 사람을 병문안할 때에는 말 한마디라도 신경을 써야 한다. 특히 병이나 상처 때문에 달라진 모습에 대해서는 언급하지 않는 것이 좋다.

예를 들어 악의는 없었다 하더라도 건강한 사람이 너무 밝은 표정으로 말을 걸어도 의기소침해지거나 불쾌한 표정을 짓게 된다. 자유롭게 행동을 하지 못하므로 신경이 예민해진 사람도 있을 것이다. 일부러 위로한다든가 격려하려고 노력하는 것도 좋지 않지만 보통 때보다는 말과 행동에 신경을 써 환자를 배려하도록 한다.

- 환자에게는 말 한마디도 신경 써서 해야 한다.

- 병이나 상처 때문에 달라진 모습에 대해서는
  언급하지 않는 것이 좋다.

병문안 가면서 상복을 입고 간다?

금기지수 ★★

건망지수 ★★

쉬는 날, 할머니가 위독하시다는 연락을 받은 A씨. 빨리 병원으로 오라는 말에 급하게 준비를 하고 병원으로 달려갔다. 병실에 들어가기 전 A씨의 모습을 본 어머니가 한마디 한다.

"너, 그런 옷차림으로 할머니를 뵈면 할머니가 슬퍼하시지 않겠니?"

자세히 이유를 물어본 A씨는 할머니에게 죄송한 마음이 들어 어쩔 줄을 몰랐다. A씨가 어떤 모습으로 병원으로 달려왔는지 상상이 되는가?

A씨는 상복을 입고 병문안을 간 것이다. 상복은 문자 그대로 '상을 당해서 입는 옷'이다. 즉, 사람이 죽은 후에 입는 상복을 아직 살아계신 할머니를 문병 가는 데 입고 갔으니 A씨가 큰 실례를 저지른 것이다.

물론 "위독하니 빨리 병원에 오라"는 말을 들으면 돌아가신 후의 일도 생각하지 않을 수 없다. 본가와 먼 곳에 멀리 살고 있는 사람은 상복을 가지러 갔다 올 시간이 없을 수도 있다. 그래서 상복을 미리 가지고 가기도 한다. 이것 자체는 잘못된 매너가 아니다.

그러나 상복을 입고 있다든가 병실에 들고 들어와 환자나 가족의 눈에 거슬리게 하는 일은 피해야 한다.

Check Point **병문안 시 상복은 금물!**

병문안을 가면서 상복을 입고 가는 것은 절대 해서는 안 된다.

학교라는 울타리 안에서 생활할 때는 오로지 자신의 노력에 의해 성적이라는 것이 나온다. 열심히 공부한 과목은 좋은 성적이, 좀 소홀히하면 시원찮은 성적이 나오고 대부분 그 성적이라는 것은 자신이 승복할 수 있는 정도이다. 하지만 사회생활이라는 것은 딱히 '내가 노력한 만큼'의 성적이 월말에 금방금방 나오는 것도 아니고, 모든 일이 교과서에 있는 것처럼 진행되는 것도 아니다. 이런 경우에는 어떻게 처신해야 하나 힘들 때가 많다. 물론 담당하고 있는 업무에 열심히 해야 하는 것은 당연한 일이지만, 업무 외의 일들이 많은 변수로 작용한다.

회사에서 사람들과의 관계, 거래처 사람과의 관계, 같은 동료들과의 관계는 언제나 쉽지 않은 일이다. 특히 요즘같이 개인주의적인 성향이 강한 세대들에게는 더욱 그러한 것 같다. 내가 받는 보수만큼만, 내 할 일만 하면 그만이지 그 나머지의 시간이나 장소에서도 서로 얽혀서 스트레스를 받고 싶지 않다는 생각이 기본적이 추세이다.

하지만 사람들과의 관계가 얼마나 원활한가에 따라 일의 진척이 빨라질 수도 있고, 안 될 것 같은 일도 성사될 수 있으며, 있을 수 없는 일도 있을 수 있게 된다. 그래서 사람과의 관계가 무엇보다도 중요하다.

물론 이렇게 계산적으로 '나에게 뭔가의 이익으로 돌아오지 않을까' 라든가, 당장 저 사람에게 잘 보여서 생기는 것이 있기 때문에가 아니라, 사람과 사람이 어울려 살아가는 일에 대한 기본적인 매너로서의 친절과, 배려, 바른 행동은 중요하다.

흔히 인간에 대한 예의를 이야기한다. 부모에 대한 예의, 친구에 대한 예의, 윗사람에 대한 예의가 몸에 배면 자기 스스로도 자신을 존중하는 마음이 생기는 것이다. 사회 생활을 하면서 몇 가지만 기본적으로 익숙하게 알아두면, 어디를 가서도 위축되지 않고 자신 있게 행동할 수 있고, 이런 기본적인 행동이 자연스럽게 몸에 밴 사람은 직장인으로, 한 사람의 사회인으로 멋진 사람이 된다. 자신을 존중하고, 언제 어떤 상황에서도 부자연스럽거나 멈칫거리지 않고 소신 있게 활기차게 행동하는 사람이 사회에서도 환영받는 사람이 아닐까?

이 책은 사회생활을 하면서 마주치게 되는 여러 가지 상황을 설정해 그때그때 지켜야 할 매너를 유치원에서 일상 생활 습관을 가르치듯 하나하나 자세히 설명하고 있다.

어떤 부분은 이미 알고 있지만 실천이 잘 안 되는 항목도 있을 것이고, 어떤 부분은 정말 몰랐던 일이라 다시 한 번 되새기게 되는 경우도 있을 것이다. 사회 생활을 처음 시작하는 사람뿐 아니라 사회 생활에 익숙해 있는 사람들도 이 책을 읽으면서 스스로 하나하나 체크해 보는 계기가 될 수 있을 것 같다.

사람과 사람이 모여 일하는 곳이 회사이고 사회인만큼, 사람과 사람의 관계처럼 어렵고도 중요한 일은 없다. 윗사람과 아랫사람, 일과 관계해 만나는 다른 회사의 사람, 이런 사람들과의 관계만 잘 유지해도 사회 생활에 있어서 반 이상은 성공했다고 말해도 지나치지 않을 것이다. 그래서 이 책에서 그렇게 사람과의 관계에 있어서 지켜야할 매너와 행동을 되풀이해서 말하고 있는 것이리라.

꼭꼭 잘 씹어서 생각하고 옆에 두고 체크하면 좋을 책이라고 확신한다.

2006년 4월
최미숙

초 판 1쇄 발행일 ∣ 2006년 5월 15일
개정판 1쇄 발행일 ∣ 2009년 4월 1일

글쓴이 ∣ 매너 연구회
옮긴이 ∣ 최미숙
펴낸이 ∣ 이숙경
편 집 ∣ 홍민정

펴낸곳   이가서
주소   서울시 마포구 서교동 469-5 2F
전화 · 팩스 02-336-3502~3   02-336-3009
홈페이지   www.leegaseo.com
등록번호   제10-2539호

ISBN   978-89-5864-266-4 03320